# 예언

당신의 생각이
현실이 되는 마법

# 예언

## 당신의 생각이
## 현실이 되는 마법

한창욱 지음

빅마우스

# "나의 예언은 반드시 실현된다!"

　어느 날 문득, 성공한 누군가의 미래가 적힌 '예언록'을 보았다면 어떤 기분이 들까?

　그 예언들이 실제로 이루어졌다면 나는 어떻게 해야 할까?

　손때가 덕지덕지 묻은 예언록을 처음 발견한 것은 30여 년 전, 잡지사에 근무할 때였다. 시골에서 상경해 자수성가한 분을 취재했는데 낡은 노트를 보물단지처럼 손에 꼭 쥐고 있었다.

　"박 회장님, 그건 뭔가요?"

　"아, 이거요? 소망록이라고 해야 할까, 예언록이라고 해야 할까?"

　박 회장은 잠시 고개를 갸웃거리더니 이렇게 말했다.

　"그냥 예언록이라고 해둡시다."

　"예언록이요? 제가 좀 볼 수 있을까요?"

　"별 거 아니에요. 인생을 살아가는 동안 이루고 싶은 소망들을 적어 놓은 거예요."

　박 회장은 망설임 없이 일기장처럼 생긴 노트를 건네주었다. 밤색 가죽 외피가 씌워져 있었는데 크기는 소설책만 했다. 겉장을 넘기자 짧은 문장이 적혀 있었다.

'나의 예언은 반드시 실현된다!'

순간, 기대감이 증폭되었다. 어떤 비밀이 담겨 있을까 싶어서 떨리는 손으로 예언록을 펼쳤다.

그러나 시간이 지나면서 기대감은 점차 실망으로 변했다. 그의 말처럼 특별한 내용은 없었다. 살아오면서 간절했던 크고 작은 소망들이 예언처럼 적혀 있었고, 그 밑에는 예언을 반드시 이루어야만 하는 이유, 예언을 이루기 위한 행동 지침, 바뀌는 상황에 따라서 수정된 내용이 적혀 있었다.

나는 애써 실망감을 감추며 물었다.

"정말로 예언이 실현되던가요?"

"네, 시간이 지나니까 이루어지더라고요."

"어떻게 그게 가능하죠?"

"글쎄요! 간절한 마음이 그 어딘가에 닿았기 때문이 아닐까요."

"신을 말씀하시는 건가요?"

"그럴 수도 있고, 우주의 질서나 규칙 같은 것일 수도 있고…."

박 회장은 잠시 뭔가를 생각하더니 이렇게 말했다.

"생명이 어디서부터 왔고, 죽으면 어디로 가는지조차 모르는 인간으로서는 도무지 알 수 없는 부분이죠. 하지만 그게 뭐가 중요해요. 정말 중요한 건 나의 예언이 실현됐다는 거죠. 안 그래요?"

박 회장은 동의를 구하듯 빤히 바라보았는데 눈동자는 확신의 불꽃으로 일렁거렸다. 나는 마지못해 고개를 끄덕였다.

"아, 그렇죠!"

현실주의자였던 나는 그때만 해도 '소망'이나 '예언' 같은 것들을 '실현 가능성이 낮은 개인의 바람' 정도로 이해했다. 이상주의자들의 전유물 정도로만 생각했달까.


그 뒤로 다양한 직업을 가진 수많은 사람을 만났다.

의사, 정치인, 사업가, 과학자, 교수, 스포츠인, 조종사, 화가, 조각가, 패션 디자이너, 모델, 연예인, 작가, 명창, 오페라 가수, 악기 연주자, 판사, 검사, 변호사, 건축가, 엔지니어, 세무사, 회계사, 방송인, 영화감독, 배우, 학원 강사, 웹툰 작가, 프로그래머, 컨설턴트, 인플루언서, 사이버 보안전문가, 지질학자, 로봇공학자, 해양학자….

나는 부자를 만나면 부자가 된 비결, 성공한 사람을 만나면 성공 비결을 찾곤 했다. 그러다 한 가지 공통점을 발견했는데, 놀랍게도 그들 중 상당수가 박 회장의 노트와 비슷한 '예언록'을 갖고 있었다.

인생의 목표나 처한 상황이 달라서인지 노트의 내용도 달랐다. 때로는 일기장, 때로는 다이어리, 때로는 이름도 없는 노트에 적혀 있었고, 어떤 이들은 그림이나 사진을 덧붙이기도 했다. 지칭하는 이름도 제각각이었지만 그것들은 분명, '나의 미래에 확신을 담은 예언록'이었다. 그들은 예언록을 작성하며 각오와 의지를 다졌고, 행동 지침을 정해서 실천에 옮겼고, 변화하는 상황에 맞추어 수시로 수정하고 실행하다 보니 마침내 그 예언이 실현됐다고 했다.

진정한 지식인은 앎을 실천하는 사람이다. 예언록의 잠재력에 대한 믿음이 생기자, 2003년 1월 1일에 나도 생전 처음 예언록을 작성했다. '3년 안에 베스트셀러 작가가 된다'는 자기 예언을 한 뒤, 내가 반드시 베스트셀러 작가가 되어야 하는 구체적 이유를 적었다. 그런 다음 그 예언을 실현하기 위한 3가지 행동 지침을 정했다.

일주일에 베스트셀러를 5권 이상 읽는다.
하루에 1시간 이상 베스트셀러를 분석한다.
매일 20매 이상 원고를 쓴다.

처음에는 순풍에 돛 단 듯 모든 것이 순조로웠다. 그러다 이내 벽에 부딪쳤다. 문제는 주말이었다. 모처럼 쉬는 주말에도 책상 앞에 앉아 원고를 20매 이상 쓰기란 쉬운 일이 아니었다.

'주말에는 10매 이상 쓰는 걸로 바꿀까?'

'아예 주말에는 재충전을 위해 쉬고, 평일에만 원고를 쓸까?'

타협의 유혹이 수시로 밀려왔다. 그러나 그때마다 "나의 예언은 반드시 실현된다!"고 혼잣말을 하며, 흔들리는 마음을 다잡았다.

사실 매일 '나의 예언록'을 읽으며 하루를 시작하면서도 '베스트셀러 작가가 된다'는 예언에 대한 믿음은 없었다. 그런데 시간이 지날수록 마음이 간절해지면서 믿음이 생겨났고, 반년쯤 지나자 예언이 이루어지리라는 확신이 들었다.

그런데 정말로 놀라운 일이 벌어졌다. 예언록을 쓰고 나서 1년쯤 지났을 때였다. 첫 작품인 《나를 변화시키는 좋은 습관》이 베스트셀러가 되면서 책이 날개 돋친 듯 팔리기 시작했다.

처음에는 꿈을 꾸는 기분이었다. 나의 예언이 이루어질 거라는 확신은 있었지만 예상보다 빨리 이루어지자 도무지 현실감이 들지 않았다.

그렇게 일주일쯤 지났을까.

아침 일찍 집을 나서는데 갑자기 현실감이 밀물처럼 밀려오면서 전신이 파르르 떨려왔다. 우연한 기회에, 그동안은 미처 알지 못했던 세상의 신비로운 비밀을 엿본 기분이었다.

나는 그때부터 《예언, 당신의 생각이 현실이 되는 마법》 구상을 시작했다. 시간이 날 때마다 '다양한 사람들에게 적용 가능한 예언록을 만들려면 어디서부터 접근해야 할까?'에 대해서 진지하게 사색했다. 하지만 《예언, 당신의 생각이 현실이 되는 마법》이다 보니, 책의 방향을 잡기가 쉽지 않았다.

그러던 어느 날, 허망하게 죽은 친구의 부고를 들었다. 장례를 치르고 화장터에서 돌아오는 길에 '한 번뿐인 인생인데 후회 없이 살아야 하지 않을까?'라는 생각이 들었다. 비로소 책의 전체적인 방향을 잡을 수 있었고, 19년 남짓한 준비 기간과 1년 남짓한 집필 기간을 거쳐 《예언, 당신의 생각이 현실이 되는 마법》을 세상에 내놓을 수 있게 되었다.


"당신은 예언록을 믿습니까?"

"만약 당신이 나의 예언록을 작성한다면 어떤 예언을 적고 싶나요?"

19년 남짓한 준비 기간 동안 가장 많이 던진 질문이었다. 사람들이 이루고 싶은 소망이 무엇인지 무척 궁금했는데, 세월이 흐르자 마침내 답을 찾을 수 있었다.

이 책은 전체 5장으로 꾸며져 있다.

CHAPTER 1의 '나는 부자가 된다'는 사업이나 투자 등 이런저런 방법으로 꾸준히 돈을 모아서 실제 부자가 된 사람들의 자기 예언 중에서 추렸다. 부자가 되고 싶은 사람들에게 반드시 필요한 실전적 예언이라고 할 수 있다.

CHAPTER 2의 '나는 가치 있는 삶을 산다'에 실린 예언은 추리는 데 오랜 시간이 걸렸다. 얼핏 생각하면 부자나 성공한 사람들이 가치 있는 삶을 살아갈 것 같지만 꼭 그렇지는 않았다. 의외로 가치 있는 삶을 살아가는 사람들 중에는 중산층이 상당수였다. 저자인 나의 가치관을 반영하되 편향되거나 편협한 예언은 거르고, 보편타당한 예언들로 꾸렸다.

CHAPTER 3의 '나는 반드시 성공한다'에 실린 예언은 오랜 세월 인내와 끈기를 발휘하다 성공한 사람들에게서 많은 조언을 얻었다. 자기 예언이기도 하지만 성공하는 사람이 반드시 갖춰야 할 기본 덕목이라고 할 수 있다.

CHAPTER 4의 '나는 행복한 삶을 산다'에 실린 예언은 선정에 가장 큰 어려움을 겪었다. 사람들이 가장 알고 싶어함에도 불구하고, 특별한 것은 없었기 때문이다. 재산이나 권력의 유무와 상관없이 행복하게 사는 사람들을 대상으로 '행복한 삶을 위해 가장 필요한 것 3가지'를 물었고, 공통된 키워드를 추려서 나의 예언록을 작성했다.

처음 원고를 기획했을 때 CHAPTER 5의 '나는 감정을 잘 다스린다' 라는 자기 예언은 목차에 없었다. 원고를 준비하고 집필하는 동안 부자, 가치 있는 삶을 사는 사람, 성공한 사람, 행복한 사람 들이 감정을 제대로 다스리지 못해 돌이킬 수 없는 실수를 저지르는 것을 무수히 목격했다. 이에 후회 없는 인생을 살려면 감정을 잘 다스리는 일이 무엇보다도 중요하다는 깨달음을 얻었기에 제5장을 추가하였다.

'한 번뿐인 인생, 어떻게 살아야 후회 없이 살 수 있을까?'
나 역시 오랜 세월 고민해왔던 부분이다. 《예언, 당신의 생각이 현실이 되는 마법》에는 앞서 인생을 산 선배들의 경험과 지식 그리고 지혜가 담겨 있다. 꿈을 향해 나아가는 사람들에게 용기를 북돋아주고, 실천 가능한 방법을 제시한 '인생 지침서'라고 할 수 있다.
완벽한 답은 아닐지라도 책장을 덮고 나면 후회 없는 인생에 대한 실마리쯤은 충분히 잡을 수 있고, 시간이 날 때마다 간절한 마음으로 이 책을 반복해서 읽는다면 인생의 크고 작은 소망들이 반드시 이루어지리라 확신한다.
《예언, 당신의 생각이 현실이 되는 마법》을 읽고 수많은 사람이 영감을 얻어서 꿈을 이루기를, 저마다의 예언이 다양한 분야에서 실현되기를 소망해본다.

목
차

# CHAPTER 1

## 나는 부자가 된다

# CHAPTER 2

## 나는 가치 있는 삶을 산다

# CHAPTER 3

# 나는 반드시 성공한다

# CHAPTER 4

## 나는 행복한 삶을 산다

## CHAPTER 5

# 나는 감정을 잘 다스린다

# CHAPTER 1

# 나는 부자가 된다

부자가 되지 못하는 이유가 무엇일까요?
대부분의 경우, 믿음이 부족하기 때문입니다.
부자가 되기 위해서는 나 자신이 할 수 있다고 믿어야 하며
내가 할 수 있는 일을 해야 합니다.

_수지 오먼

# 나는 긍정 마인드를 갖고 있다

나는 긍정 마인드를 갖고 있는가?
검은 안경을 쓴 채로 세상을 바라보며 '나는 안돼'라는,
스스로가 건 마법에 걸려 있지는 않는가?

부자가 되기 위한 첫 번째 필수조건은 긍정 마인드이다. 부자가 되려면 어려운 상황에서도 일말의 가능성을 발견할 줄 알아야 한다. 또한 도전 정신이 있어야 적극적으로 달려들어서 문제 해결을 위한 아이디어를 도출해낼 수 있다. 그 과정에서 벽에 부딪칠지라도 해낼 수 있다는 자신감이 필요하고, 설령 실패로 끝나더라도 자책하기보다는 성공을 위한 과정으로 받아들여야 한다.

긍정적 사고와 감정은 뇌의 활동을 촉진하고, 신경 회로망을 강화하는 데 도움이 된다. 명확한 목표 설정을 돕고, 목표 달성에 필요한 행동을 촉구한다.

긍정 마인드를 지닌 사람들은 성공을 공유하고, 사회적 책임을 다하려는 경향이 있다. 원만한 대인 관계를 유지하고, 협업에도 적극적이다. 이러한 자세와 태도는 신뢰감을 준다. 일단 사람들로부터 인정받기 시작하면 일거리도 늘어나서 부를 축적하기 한결 쉬워진다.

또한 긍정 마인드는 자기 효능감과 성취감을 증진하여 실패에 대한 면역력을 키워준다. 실패를 패배가 아닌 긍정적인 학습으로 전환시켜

서, 지속적인 노력을 기울이도록 하는 한편 성공을 향해 계속 나아가
도록 북돋아준다.

긍정 마인드는 부정 마인드를 지닌 사람의 뇌보다 더 많은 도파민
과 세로토닌을 분비해서 기쁨이나 성취감도 훨씬 더 크다. 이러한 신
경전달물질의 분비는 부자가 되기 위해서 필요한 창의력은 물론이고,
집중력과 의지력을 향상시킨다.

> "마음이 꿈으로 가득 차 있고, 영혼이 꿈을 이루겠다는 결심으로
> 가득 차 있다면 나는 부자라고 부른다."
>
> _메흐메트 무라트 일단

부자가 되고 싶다면 '나는 부자가 된다'는 자기 예언을 한 치의 의심
도 없이 믿어야 한다. 부자가 되고 싶다는 마음이 간절해야 부자가 될
수 있다는 확신이 생기고, 비로소 부자가 될 방법을 찾아낸다.

---

긍정 마인드를 갖기 위한 3가지 행동 지침

• 눈을 뜨자마자 소중한 하루를 시작할 수 있음에 감사한다.
• 오늘의 목표를 설정하고, 계획을 세운다.
• 거울을 보며 뇌에 '나는 부자가 된다!' 등의 긍정적인 메시지를 전한다.

# 나는 돈의 속성을 잘 안다

나는 돈의 속성을 잘 알고 있는가?
우리는 매일 돈을 사용하며 살아가고 있다.
그런데 과연 돈에 대해서 얼마나 알고 있는가?

전쟁터에 나가려면 내가 사용하는 무기에 대해서 속속들이 알아야 하듯이, 부자가 되려면 속성을 파악하고 있어야 한다. 즉, 돈의 속성을 파악해야만 흐름을 알 수 있고, 돈을 벌 수 있고, 효율적으로 사용할 수 있고, 자산을 꾸준히 증가시킬 수 있다.

인간은 생존에 필요한 것들에 가치를 부여하며 진화해왔고, 돈에 가치와 상징성을 부여함으로써 삶의 편리를 도모해왔다.

돈은 경제적 측면에서 4가지 중요한 역할을 한다.

첫째, 가치 측정의 역할이다. 돈의 단위를 통해 가치를 평가하고 비교할 수 있다. 둘째, 교환 매체의 역할이다. 물품과 서비스의 교환 매체로 사용함으로써 원활한 경제 활동이 가능하다. 셋째, 가치 저장 수단의 역할이다. 자산의 형태로서 가치를 보존함은 물론이고, 증대할 수도 있다. 넷째, 유동성이다. 사용하기 편리하고, 빠르게 다른 자산으로 전환할 수도 있어서 활발한 경제 활동이 가능하다.

돈은 일종의 권력이며, 사회적 지위와 신분이기도 하다. 부자가 되면 더 많은 기회를 잡을 수 있고, 사회적 관계망을 형성하는 데도 도움 되며, 생존에 필요한 욕구를 쉽게 충족시킬 수 있어서 삶이 편리해진다.

> "인생은 바다, 선장은 돈이다. 돈이 없으면 그 배는 넓은 바다를 헤쳐 나갈 수 없다."
>
> _조지 R. 베켈링

훌륭한 사냥꾼이 되려면 사냥 대상인 동물의 속성을 파악해야 하는 것처럼, 부자가 되려면 돈의 속성을 속속들이 알아야 한다. 돈의 속성을 파악하고 있어야 그 지식을 활용해서 돈을 모으고 불릴 수 있다.

돈의 속성을 파악하기 위한 3가지 행동 지침

- 돈에 관한 서적을 읽고 기본 지식을 쌓은 뒤, 금융 상식을 꾸준히 쌓아나간다.
- 수입과 지출 내역을 기록하고 분석하며, 재정 관리의 중요성을 깨닫는다.
- 금융 목표를 세우고, 다양한 투자 방법을 모색한다.

# 나는 명확한 목표가 있다

나는 부자가 되겠다는 명확한 목표가 있는가?
'언젠가는 부자가 되겠지?'라는 막연한 기대감을 가슴에 품은 채
하루하루를 살고 있지는 않는가?

목표 설정은 인간이 진화해오면서 터득한 효과적인 생존 전략의 하나이다. 인류는 개인의 목표를 통해서 삶의 질을 높였고, 공동의 목표를 설정함으로써 협력을 통한 성과를 이루어 발전된 사회를 만들어나갔다.

부자가 되려면 명확한 목표가 있어야 한다.

일단 목표를 세우면 계획을 짜고 결정을 내리는 전두엽이 활성화된다. 적절한 보상을 하고 동기를 부여하는 신경전달물질인 도파민의 분비 또한 활발해져서, 목표를 향해 나아가려는 의지가 강해진다.

목표는 막연한 것보다는 측정 가능할 정도로 구체적이고 명확할수록 좋다. 시간 제한까지 두면 뇌는 목표를 이루기 위한 행동 지침과 전략을 도출해낸다.

또한 명확한 목표는 자신감과 자존감을 높여준다. 목표를 달성하면 사회적으로도 인정받아 사회적 지위가 높아지며, 성취감을 맛볼 수 있어서 긍정적인 자아를 형성하게 된다.

인간은 무한한 잠재력을 지니고 있다. 목표를 세우고, 그것을 달성

하기 위해 꾸준히 앞으로 나아가다 보면 어느 순간 내 안에 잠들어 있던 거인이 깨어난다.

목표가 없다면 삶의 방향성을 잡기도, 장기적으로 일관성을 유지하기도 어렵다. 명확한 목표를 가질 때 뇌는 목표 달성을 위한 시스템을 작동시키고, 일관성을 유지한 상태로 앞으로 나아가게 하고, 사회적 지원과 협력을 이끌어낸다.

> "만약 당신이 목표를 정한 뒤, 확고한 의지를 가지고 목표를 향해서 나아간다면, 당신의 능력이 당신을 놀랄 만한 곳으로 데려다줄 것이다."
>
> _레스 브라운

비록 허름한 옷차림으로 거리를 서성일지라도 가야 할 곳이 있고 돌아갈 곳이 있다면 여행자이고, 좋은 옷을 입고 있을지라도 가야 할 곳도 없고 돌아갈 곳도 없다면 부랑자이다. 여행자에게는 목표가 있지만 부랑자에게는 목표가 없다.

부자가 되겠다는 뚜렷한 목표가 없다면, 돈이 일시적으로 쌓이더라도 모래성이 바닷물에 휩쓸리듯 이내 사라진다. 부자가 되겠다는 명확한 목표가 있어야만 돈이 벽돌처럼 단단해져서 바람을 막는 담장이 되고, 안락하게 쉴 수 있는 공간을 만든다.

'4년 안에 1억을 모은다'와 같이,
현실적으로 달성할 수 있는
측정 가능한 목표를 세운다.


단기, 중기, 장기
계획을 세운다.


목표 달성을 위한
구체적인 행동 계획을 세운다.

Plan

# 나는 금융 상식에 해박하다

나는 금융에 관해서는 전문가인가?
여기저기서 주워들은 얕고 부정확한 지식으로
전문가인 척하고 있지는 않는가?

부자가 되려면 금융 상식에 해박해야 한다. 그래야 기회
가 찾아왔을 때 신속한 결정을 내려서 재빨리 붙잡을 수 있다. 풍부한
지식은 복잡한 문제에 직면했을 때 뇌의 인지 부하를 줄여줘서, 신속
하고 합리적인 결정을 내리는 데 도움이 된다. 이에 반해 금융 지식이
부족하여 돈과 관련하여 불확실한 결정을 내려야 할 때는 불안과 스
트레스가 따른다. 해박한 금융 지식을 갖추고 있으면 자신감에 기반
한 심리적 안정감을 유지할 수 있다.

모두가 간절히 바라지만 하루아침에 부자가 될 수는 없는 법이다.
부자가 되려면 먼저 재정적으로 자립해야 한다. 이러한 목표를 달성
하기 위해서는 금융 상식부터 쌓을 필요가 있다. 해박한 금융 상식이
있어야만 올바른 금융 습관을 형성할 수 있기 때문이다.

금융 상식이 부족하면 단기 쾌락을 위해 충동적인 소비를 할 가능
성이 높다. 반면, 금융 상식이 해박하면 장기 쾌락을 위해 충동적 소비
를 억제하고 투자와 저축을 통해 재정을 관리하게 된다.

해박한 금융 상식은 부자가 되기 위한 기본 조건이다. 반드시 갖춰

야 할 금융 상식으로는 재정 계획을 세우는 방법, 수입과 지출 등에 관한 재무관리, 주식·채권·부동산·펀드 등에 대한 투자 관련 지식, 복리에 대한 이해, 보험에 관한 지식, 세금이나 부채에 관한 지식, 리스크를 최소화하고 관리하는 법 등이 있고 이를 잘 터득하고 있어야 한다.

> **"돈은 머리에 넣고 다녀라. 절대로 가슴에 품지 마라."**
>
> _조너선 스위프트

세상은 넓어도 아는 만큼만 보인다. 돈도 다르지 않다. 금융 관련 지식이 해박할수록 돈의 가치와 소중함을 깨닫게 되고, 돈을 활용할 곳도 늘어난다.

---

해박한 금융 상식을 쌓기 위한 3가지 행동 지침

- 금융 용어 사전이나 금융 전문 사이트를 활용해서, 다양한 금융 용어와 개념을 익힌다.
- 경제 뉴스, 금융 관련 서적을 보는 한편 금융 블로그, 금융 유튜브 채널 등을 구독한다.
- 온라인 강의를 듣고, 웹 세미나에 참여한다.

# 나는 돈에 대한 장악력을 갖고 있다

나는 돈의 노예인가, 돈의 주인인가?

　　살아오면서 부자가 되었다가 다시 제자리로 돌아오거나 한창 잘나가던 사업가가 쫄딱 망하는 경우를 수없이 봐왔다. 실패 원인은 다양하겠지만 근본적인 이유는 돈에 대한 장악력이 부족했기 때문이다.

　　오랜 세월 사업을 해서 차곡차곡 돈을 모아 부자가 된 사람들은 돈에 대한 장악력을 갖고 있다. 그들은 지갑을 언제 열어야 하고, 언제 닫아야 하는지를 안다.

　　반면 유산을 분배받거나 운이 좋아서 하루아침에 부자가 된 사람들은 대체적으로 돈에 대한 장악력이 부족하다. 그들은 지갑을 열어야 할 때와 닫아야 할 때를 제대로 구분하지 못해서 그 많은 재산을 먼지처럼 날리곤 한다.

　　부자가 되려면 돈의 노예가 되어서는 안 된다. 돈의 노예가 되면 돈을 모으기도 힘들뿐더러, 설령 돈을 모았다고 해도 제멋대로 빠져나가버린다.

　　돈을 버는 것 못지않게 중요한 것이 돈에 대한 장악력이다. 장악력

을 갖고 돈을 체계적이고 효율적으로 사용하면 뇌에서 보상 시스템이
활성화된다. 보상으로 기쁨이나 만족감을 얻으면 긍정적인 순환 고리
가 형성되어서, 돈에 대한 장악력이 강화된다.

인생에서 돈은 떼려야 뗄 수 없다. 돈은 하나의 얼굴을 갖고 있지만
어느 각도에서 바라보느냐에 따라서 다양한 모습을 지닌다.

> "돈이란 힘이고 자유이며, 모든 악의 근원이기도 한 동시에 한편
> 으로는 최대의 행복이 되기도 한다."
>
> _칼 샌드버그

부자가 되는 것도 중요하지만 그전에 '돈을 어떤 관점으로 바라볼
지'에 대해서 생각해볼 필요가 있다. 돈에 대한 나만의 철학이 없으면
돈에 종속되어 돈의 노예가 된다. 평생 뒤를 졸졸 쫓아다니거나 돈이
휘두르는 대로 살다가 생을 마감한다.

돈에 대한 나만의 철학이 있어야 비로소 돈의 주인이 된다. 주인이
되면 장악력 또한 강화되어서, 돈을 모으기도 쉽고 의미 있는 일에 돈
을 사용하게 된다.

---

돈에 대한 장악력을 갖기 위한 3가지 행동 지침

• 돈과 관련된 다양한 책을 읽고, 돈에 대한 나만의 철학을 세운다.
• 금전출납부를 작성해서, 불필요한 지출을 줄인다.
• 수입과 지출을 고려하여, 저축과 투자 등에 관한 계획을 짠다.

# 나는 변화의 물결을 탄다

나는 시장 경제의 흐름을 알고 있는가?

세상은 단 한순간도 제자리에 머물러 있지 않는다. 쉼 없이 변화하면서 시간의 강물 위를 흘러가고, 시장 경제 역시 끊임없이 변화하며 흘러가고 있다.

세상의 변화 속도는 점점 빨라지고 있다. 과거에는 꾸준하게 한우물만 파면 부자가 될 수 있었지만 현대는 다르다. 시장 경제가 어디로 흘러가는지를 정확히 이해하고 변화의 물결을 탈 줄 알아야만 기회를 포착해서 부자가 될 수 있다.

인간은 탁월한 생존력을 지니고 있어서, 변화에 대한 적응력 또한 뛰어나다. 인류는 변화의 물결을 타면서 진화해왔다. 변화를 거부하지 않고 적극적인 마인드로 받아들여서 적응해나가다 보면, 뇌의 신경망이 유연해져서 새로운 아이디어를 창출하거나 새로운 기회를 포착하게 된다.

이처럼 변화에 대한 긍정적인 태도는 자기 자신에 대한 믿음을 준다. 마음을 열고 긍정적인 자세로 변화를 수용하면, 비록 일시적인 어려움에 처할지라도 자신감을 갖고 문제 해결 능력을 키울 수 있다.

사회구조 또한 끊임없이 변화해왔고, 변화하고 있다. 변화의 중심에 있는 사람들과 소통하며 적절한 관계를 유지한다면 어렵지 않게 부를 쌓을 수 있다.

> "부자는 기회에 집중하지만 가난한 사람은 장애물에 집중한다."
>
> _T. 하브 에커

부자가 되고 싶다면 유심히 세상을 관찰하다가 변화의 물결을 타야 한다. 바다가 위험해 보여도 그 안에 무수한 천연자원이 묻혀 있고 다양한 생물이 살아 숨 쉬듯이, 위기처럼 보이는 변화 속에서 수많은 부자가 태어난다.

---

변화의 물결을 타기 위한 3가지 행동 지침

• 새로운 아이디어나 제품이 출현하면, 유심히 관찰하고 관련 지식을 습득한다.
• 다양한 사람과 소통하며, 새로운 물결에 대처할 수 있는 인적 네트워크를 형성한다.
• 변화의 물결을 다각도에서 바라볼 수 있는 풍부한 지식을 쌓는다.

# 나는 시간을 효율적으로 사용한다

나는 목표를 이루기 위해 시간을 적절히 분배해서,
효율적으로 사용하고 있는가?
아니면 꿈과 의지도 없이, 흘러가는 시간에 몸을 맡기고 있는가?

시간은 제한된 자원이며, 한 번 사용하면 다시 되돌릴 수 없는 귀중한 자산이다.

빈자는 시간 관리에 취약해서 시간 낭비가 심하다. 반면 부자는 시간을 체계적으로 관리해서 낭비를 최소화하는 한편, 높은 수익을 창출할 기회에 집중 투자함으로써 생산성을 높인다.

빈자는 당장 먹고살기 바쁘다 보니, 마음과는 달리 현재 상황에 안주하는 경향이 있다. 반면 부자는 여러모로 여유가 있다 보니 새로운 지식이나 기술을 습득해서 미래의 시간 가치를 높인다.

인간의 집중력에는 한계가 있다. 두뇌를 효율적으로 사용하려면 체계적으로 시간을 관리하는 습관을 들여야 하고, 집중력이 높은 시간에 더 가치 있는 일을 처리해야 한다. 가끔 중요한 시험이나 프로젝트를 앞두고 유혹에 빠져서 엉뚱한 짓을 하다가, 소중한 시간을 허망하게 탕진하는 사람들을 종종 보곤 한다. 이런 현상이 빚어지는 까닭은 그동안 시간 관리를 체계적으로 못해왔기 때문이다. 시간을 오랫동안 체계적으로 관리하면 유혹에 저항할 수 있는 자기 통제력이 강화된다. 단기 만족 대신에 장기 만족을 선택하고, 중요한 순간일수록 높은 집중력을 발휘한다.

인간은 누구나 시간을 사용하며 살아가지만 그 시간을 어떻게 사용하느냐에 따라서 인생 자체가 달라진다.

> "부자와 가난한 자의 단 하나의 차이점은 어떻게 시간을 사용하느냐이다."
>
> _로버트 기요사키

시간을 효율적으로 사용할수록 더 많은 기회를 얻을 수 있고, 부자가 될 가능성 또한 높아진다. 시간 관리야말로 인생을 바꿀 진정한 마법이라고 할 수 있다.

시간을 효율적으로 사용하기 위한 3가지 행동 지침

- 처리해야 할 일의 중요도에 따라서 우선순위를 정한다.
- 실제 시간을 어떻게 사용했는지 15분 단위로 타임일지를 작성한다.
- 주말이나 월말에는 사용한 시간을 추적해서 개선점을 찾는다.

# 나는 강점을 꾸준히 개발하고 있다

나의 강점에 자부심을 느끼며 최대한 활용하며 살아가고 있는가,
콤플렉스에 사로잡혀 강점을 외면한 채 살아가고 있는가?

인간은 저마다 강점과 약점이 있다. 부자가 되려면 나의 강점을 파악해서, 세상을 살아가기 위한 무기로 발전시켜야 한다.

생각이든 행동이든 한 가지를 꾸준히 할 경우 뇌의 구조와 기능이 변화한다. 새로운 시냅스가 형성되고 관련 신경 경로가 강화되어, 비슷한 생각이나 일을 좀 더 빠르고 효율적으로 처리할 수 있다.

물론 강점은 그대로 놓아둔 채로 약점을 꾸준히 보완해나가는 방법도 있다. 그러나 인간이 사용할 수 있는 시간은 한정적이므로 그다지 좋은 전략은 아니다.

부자가 되려면 그것이 무엇이든 간에 타인과 차별화된 가치를 제공할 수 있어야 한다. 경쟁력, 비용 절감, 생산성 향상, 기회비용 등을 감안할 때 약점을 보완하기보다는 강점을 개발하는 쪽이 경제적인 측면에서도 현명한 전략이라고 할 수 있다.

"강점과 훌륭한 예의는 어디서나 빛을 발할 것이다."

_필립 체스터필드

강점은 개발할수록 자존감과 자기 효능감이 높아져서 자신감이 붙는다. 이러한 긍정적인 정서는 스트레스와 불안을 줄여줘서, 지속적인 성장을 가능하게 한다.

사람들로부터 인정받고 사회적 지위를 확보하려면, 나의 강점을 최대한 활용해야 한다. 돈이나 명예와 관련된 중요한 역할에 대한 기회는 평범해 보이는 사람보다는 특별한 강점을 지닌 사람에게 먼저 주어지는 법이다.

강점을 꾸준히 개발하기 위한 3가지 행동 지침

• 성격유형 검사나 강점 분석 도구 등을 활용해서 자신의 강점을 파악한다.
• 강점 개발을 위한 체계적인 계획을 세운다.
• 관련된 분야의 최신 정보를 습득하고, 새로운 지식이나 기술을 익힌다.

# 나는 월급 외에도 다양한 수입처가 있다

나는 월급 말고도
다른 곳에서 수입이 들어오고 있는가?

고액 연봉자여서 기회비용을 감안해볼 때 부업이 시간 낭비라면 문제는 다르다. 그러나 평범한 연봉을 받고 있는데 월급 외에 달리 수입이 없다면 수입처를 늘려야 한다.

돈이 많으면 놀고먹을 것 같지만 부자들은 대부분 직업을 갖고 있다. 한국 부자들의 직업을 조사한 결과를 보면 사업가가 가장 많고, 그다음으로는 의사나 변호사이다.

사업으로 어느 정도 성공했거나 연봉을 많이 받는 전문직이라면 부자가 되기에 유리한 고지를 점령한 셈이다. 그들은 금융 관련 지식을 쌓고 위험을 감수해야 하는 투자를 하지 않더라도, 연봉을 차곡차곡 모으면 부자가 될 수 있다.

그러나 일반 직장인의 경우는 다르다. 월급을 받아서 쓰고 남은 돈을 모아서는 절대 부자가 될 수 없다. 회사에서는 열심히 일하면 임원도 되고 사장도 될 것처럼 교육하지만, 실제로 임원이 되고 사장이 되기란 하늘에 별 따기다. 즉, 다양한 수입처를 확보해야 한다.

다양한 수입처 확보는 인류의 생존 전략 가운데 하나이다. 농경사회에서도 농사 외에 사냥과 채집 등을 통해서 다양한 식량자원을 확보했다.

수입처가 늘어나면 갑작스러운 실직이나 질병으로 인한 위험 부담을 줄일 수 있다. 심리적 안정감 속에서 돈을 모을 수 있고, 기회가 찾아오기를 기다렸다가 현명한 투자를 할 수 있다. 또한 인적 네트워크 또한 활발해져서 정보를 얻기도 쉽고, 다른 사람과의 협업을 통한 수익도 가능해진다.

> "한 회사의 주식에 전 재산을 투자해서는 안 되는 것처럼 당신의 미래를 한 사람의 고용주에게 맡겨서는 안 된다."
>
> _스테판 M. 폴란

급격한 기술 발전과 산업구조의 변화는 직업의 변화를 불러왔다. 평생 직업 시대는 저물어가고, 한 사람이 여러 직업을 갖는 다중 경력 시대가 다가오고 있다.

다양한 수입처 확보는 부자가 되기 위한 수단이기도 하지만 불확실한 미래를 대비하는 전략이기도 하다.

나의 현재 기술과 능력을 분석한 뒤
다양한 수입원을 찾는다.
필요한 경우 교육을 받거나
자격증을 취득한다.


유투브, 블로그, SNS 등과 같은
온라인 플랫폼을 활용하여
콘텐츠를 제작하거나
특기 혹은 취미를 활용해서
추가 소득을 올릴 만한 부업을 찾는다.


적당한 투자처를 물색한 뒤
관련 지식을 익혀서 투자한다.

# 나는 항상 리스크를
# 최소화하기 위한 방법을 찾는다

나는 운에다 모든 것을 맡기는 스타일인가,
항상 리스크를 최소화하는 방법을 찾으려고 노력하는 스타일인가?

'부자의 땅'으로 가는 길목에는 여러 리스크가 굶주린 짐승처럼 도사리고 있다. 리스크를 최소화해야만 부자 될 가능성을 높일 수 있다.

인류는 생존과 번영을 위해서 위험을 분산시키고 최소화하는 전략을 사용해왔다. 리스크를 최소화하는 전략으로 공동체의 협력을 이끌어냈고, 신뢰를 구축함으로써 변화하는 환경에 적응할 수 있었다.

사업이든 투자든 간에 집중적으로 하나에 투자해서 올인하는 방식은 성공하면 높은 수익을 낼 수 있지만 그만큼 위험 부담도 크다. 리스크가 높을수록 불확실성은 커진다. 인간은 불확실한 상황에서는 최상의 경우보다는 최악의 경우를 상상하는 경향이 있다. 실패에 대한 두려움과 불안, 스트레스가 커지면 상황을 오판하여 잘못된 결정을 내릴 가능성이 높아진다. 반면 리스크를 최소화하면 안정된 심리 상태를 유지할 수 있어서 목표 달성이 한결 쉬워진다.

단번에 큰 수익을 얻는 것보다 더 중요한 것은 지속 성장이다. 리스크를 최소화해야 미래를 예측할 수 있고, 안정적인 수익 창출이 가능해서 지속 가능한 성장을 도모할 수 있다.

　리스크를 줄이려면 항상 깨어 있어야 한다. 세상이 어떻게 돌아가고 있으며, 지금 내가 무엇을 하고 있는지 정확히 인식할 필요가 있다.

> **"리스크는 자신이 무엇을 하고 있는지 모를 때 커집니다."**
>
> _워런 버핏

　리스크는 원칙에서 벗어날 때 제어 불가능할 정도로 몸집을 불리는 경향이 있다. 부자가 되려면 리스크를 최소화할 원칙을 정하고, 한 치 앞도 알 수 없는 어려운 상황에 직면하더라도 그 원칙만큼은 반드시 지켜나가야 한다.

**리스크를 최소화하기 위한 3가지 행동 지침**

- 시장 조사, 경쟁 분석, 리스크 평가 등을 통해 충분한 정보를 수집한 뒤 리스크를 줄인다.
- 적절한 비율을 정해서 분산투자를 한다.
- 만약의 사고에 대비해서 보험에 가입하거나 헤징을 한다.

# 나는 좋은 인맥을 형성하고 있다

나는 훌륭한 인적 네트워크를 갖고 있는가?
나의 주변 사람들은 함께 어울릴 때만 좋은 사람들인가,
나와 함께 부자가 될 사람들인가?

　　　　인간 사회는 협력과 신뢰를 바탕으로 발전해왔다. 훌륭한 인적 네트워크는 성공한 사람들의 행동 패턴을 관찰하고 모방할 기회를 제공한다. 또한 롤 모델로부터 받은 인정이나 칭찬은 자기 효능감을 높여서, 강한 책임감을 갖추는 계기가 된다. 다양한 배경과 문화를 가진 사람들과의 교류는 새로운 아이디어와 관점을 제공해서, 혼자서는 상상할 수조차 없었던 혁신을 가능하게 한다.

　기술력이 고도로 발전한 현대 사회는 상호 신뢰를 기반으로 한 협력의 중요성이 높아졌다. 좋은 인맥은 질 높은 정보를 빠르게 제공한다. 자금 접근성 또한 용이해서 새로운 프로젝트를 시작하기도 쉽고, 훌륭한 자원을 활용할 수 있으므로 비용을 절감해서 수익을 극대화할 수 있다.

　인맥의 가치가 높아질수록 부자가 될 가능성 또한 높아진다. 좋은 인맥은 자존감을 높여주고, 그로 인해서 얻은 명성과 신뢰는 비즈니스를 하는 데서 여러모로 유리하다. 심리적 안정감을 유지할 수 있어서 더 나은 의사 결정을 내릴 수 있고, 설령 시도했던 프로젝트가 실패

로 끝나더라도 인맥만 유지된다면 재기 또한 그리 어렵지 않다.

"환경을 신중하게 선택하라, 그것이 당신을 만들 것이다. 친구를
신중하게 선택하라, 당신은 그들처럼 될 것이다."

_클레멘트 스톤

참새는 참새끼리, 독수리는 독수리끼리 어울리는 법이다. 내가 얼
마나 큰 부자가 되느냐는 나의 주변 사람들이 참새류인지, 독수리류
인지에 달렸다.

좋은 인맥을 형성하기 위한 3가지 행동 지침

• 긍정 마인드를 지닌 사람이라면 정기적으로 연락을 주고받으며 적극적으로
  소통한다.
• 작은 도움일지라도 상대방이 필요로 하면 기꺼이 제공한다.
• 나의 성장에 필요한 모임에 참석하되, 가식 없는 진정성 있는 모습을 보여준다.

# 나는 왕성한 지적 호기심을 갖고 있다

나는 호기심이 많은 편인가?
그렇다면 주로 어떤 분야에서 호기심을 느끼는가?
새로운 지식보다는 예능 프로그램이나 타인의 사생활에
더 많은 호기심을 느끼고 있는 건 아닌가?

인류는 생존을 위해 새로운 환경을 끊임없이 탐색하고, 삶을 편리하게 하는 새로운 도구와 기술을 개발하며 발전해왔다. 지적 호기심은 오랜 세월 인류 문화를 이끌어온 원동력이라고 할 수 있다.

지적 호기심은 뇌의 총지휘관인 전두엽뿐만 아니라, 새로운 학습을 담당하고 단기기억을 장기기억으로 전환하는 해마를 활성화하여, 창의력과 함께 문제 해결 능력을 높여준다.

부자가 되려면 기존의 틀을 깨고 새로운 시장이나 기술을 발견하는 안목을 갖춰야 하며, 적극적으로 받아들여서 활용할 수 있어야 한다.

지적 호기심이 왕성한 사람은 다양한 인적 네트워크를 형성할 가능성이 높아서 기회를 포착하기도 수월하다. 또한 현명한 결정을 내리기 위해 더 많은 정보를 수집해서 분석하며, 반복적인 학습과 개선을 통해 성공 확률을 높인다.

"궁금증을 풀고 싶다면 어느 주제에 대한 것이든 호기심이 발동하는 그 순간을 잡아라. 그 순간을 흘려보낸다면 그 욕구는 다시 돌아오지 않을 수 있고, 당신은 무지한 채로 남게 될 것이다."

_윌리엄 워트

물론 호기심은 반드시 필요하다. 그러나 세상 모든 일에 호기심을 가져서는 안 된다. 자본주의 사회에서 호기심은 종종 미끼로 사용되기 때문이다.

'부자의 땅'으로 가는 길에 필요한 지적 호기심만이 시간 낭비를 줄여주며, 두뇌를 활성화하여 목표를 이루게 한다.

왕성한 지적 호기심을 갖기 위한 3가지 행동 지침

- 소설, 역사, 과학, 예술, 철학 등 다양한 분야의 책을 읽는다.
- 항상 '왜?', '어떻게?'라는 질문을 던져서 문제를 깊이 이해하고, 새로운 아이디어를 찾는다.
- 여행이나 새로운 취미 활동 등을 통해 폭넓은 경험을 한다.

# 나는 수시로 목표를 검토하고 갱신한다

나는 목표를 자주 검토하고, 상황에 맞게 조정하고 있는가?
동기가 사라져버렸거나 실천하지 못한 채 남겨진 낡은 목표를
여전히 가슴에 품은 채 살아가고 있지는 않은가?

최종 목표는 변함없다고 하더라도, 목표를 이루겠다는 마음만큼은 펄떡이는 물고기처럼 생동감이 있어야 한다. 그래야 매일 목표를 향해 나아갈 수 있다.

인류가 끊임없이 변화하는 환경 속에서 생존할 수 있었던 비결 가운데 하나는, 새로운 정보를 받아들이고 상황에 맞게 목표를 재조정해온 것이다.

새로운 지식이나 기술도 처음에는 보석처럼 반짝이지만 시간이 흐르면 퇴색하게 마련이다. 아이디어 역시 마찬가지다. 처음에는 신선하고 특별했을지라도 계속해서 새로운 지식과 기술, 아이디어를 보강하지 않으면 평범해진다.

부자가 되겠다는 목표 또한 다르지 않다. 시장 환경, 경제적 조건, 개인의 재정 상황 등은 시시각각 변화한다. 막연하게 부자가 되겠다는 목표를 가슴에 품기보다는 내가 처해 있는 현실을 정확히 파악할 때 목표에 한 걸음 더 다가갈 수 있고 새로운 동기를 부여할 수 있다.

목표를 자주 검토하고 갱신하면 뇌의 신경 가소성이 활성화되면서

인지 능력이 향상한다. 목표 갱신 과정에서 실수나 오류를 바로잡을 수 있으므로, 불확실성을 제거해 심리적 안정을 꾀할 수 있다. 또한 재정적 안정성을 확보해 성과를 높일 수 있으니 일석이조라고 할 수 있다.

> "나는 끊임없이 내 목표를 재평가하고, 해야 할 일을 적어놓은 목록에서 중요하지 않은 항목을 삭제하려고 노력합니다."
>
> _아이샤 타일러

세상의 모든 것은 방치해두면 녹이 슬거나 곰팡이가 피거나 썩어버린다. 부자가 되겠다는 목표도 다르지 않다. 수시로 검토하고 갱신하다 보니 마치 손에 잡힐 듯해서, 상상만으로도 가슴이 뛰어야만 목표를 이룰 수 있다.

목표를 현실에 맞게 재조정하기 위한 3가지 행동 지침

- 주기적으로 진행 상황을 모니터링해서 개선점을 찾는다.
- 우연이나 돌발 상황으로 인해 차질이 생겼을 경우, 달성 가능하도록 기간이나 수치를 재조정한다.
- 바뀐 상황이나 환경에서 목표를 원활하게 달성하기 위한 새로운 전략을 짠다.

# 나는 부자 되는 습관을 갖고 있다

나는 부자 되는 습관을 갖고 있는가?
아니면 여전히 나쁜 습관을 갖고 있으면서
부자들의 겉모습이나 소비 형태만 흉내 내고 있는 것은 아닌가?

인류학적 관점에서 볼 때 부자들의 습관은 문화적 배경과 가치관에 뿌리를 두고 있다. 그들은 가족의 가치를 소중히 생각하고, 교육의 힘을 믿으며, 적극적으로 인맥을 형성하려는 경향이 있다. 또한 그들은 새로운 기회를 잡기 위해서 변화와 혁신에 발 빠르게 대처한다.

부자들의 습관은 하루아침에 이루어진 것이 아니다. 오랜 세월 동안 부를 축적하는 데 영향을 미쳤던 경험들이 쌓여서 하나의 습관처럼 굳어진 것이다.

부자들은 목표를 설정하고 계획을 세운다. 리스크를 최소화하기 위해서 분산투자를 하고, 지속적으로 새로운 지식과 기술을 받아들이고, 전문가를 활용해서 부를 증대시킨다. 또한 그들은 꾸준히 자기계발을 한다. 신체를 활성화하고 지적 호기심을 충족시키는 한편, 잠재력을 최대한 끌어내기 위해 노력한다.

"부자는 습관의 결과이다."

_존 제이콥

세상에는 쉽게 얻을 수 있는 것도 있지만 가치 있는 것들은 하루아침에 주어지지 않는다. 명성이나 재물 같은 경우는 꾸준한 노력의 결실이다.

세계적인 운동선수가 되고 싶다면 효율적으로 운동하는 습관을 길러야 하듯이, 부자가 되고 싶다면 부자 되는 습관을 지녀야 한다.

부자 되는 습관을 갖기 위한 3가지 행동 지침

• 명확한 재정 목표를 설정하고, 구체적인 계획을 세운다.
• 시간의 우선순위를 정한 뒤, 효율적으로 시간을 분배해서 관리한다.
• 새로운 아이디어를 얻기 위해 다양한 분야의 책을 읽고, 메모를 습관화한다.

# 나의 자산은 꾸준히 증가하고 있다

나의 자산은 꾸준히 증가하고 있는가?
바닥이 얕은 저수지처럼 장마철에는 수위가 일시적으로 높아졌다가
가뭄에는 수시로 바닥을 드러내지는 않는가?

수영하기 위해 풀장에 물을 채우려면 물이 점점 차올라야 하듯이 부자가 되려면 자산이 꾸준히 증가해야 한다.

자산이 증가하면 사회적 지위가 높아짐과 동시에 영향력이 증가한다. 더 나은 인적 네트워크를 형성할 수 있어서, 비즈니스 기회 또한 늘어난다.

가족에게는 편안한 주거, 수준 높은 의료 환경, 질 높은 교육을 받을 기회를 제공할 수 있어서 부의 대물림이 가능해진다.

"돈이 근본적인 문제를 해결하지는 못할지라도 문제를 훨씬 더 쉽게 만들 수는 있다."

_말콤 S. 포브스

빈곤한 시절을 겪고 나서 자산이 점점 늘어나는 경험을 해본 사람만이, 그것이 삶에 얼마나 큰 기쁨을 주는지를 안다. 자산 증가는 '나도 부자가 될 수 있다'는 자신감과 함께 재정적 스트레스를 줄여준다.

스트레스가 줄면 뇌는 더 많은 에너지를 활용할 수 있으므로, 자산을 증가시킬 전략을 짜거나 아이디어를 생성해내기가 한결 수월해진다. 뇌에서 문제를 해결하고 처리하는 속도 또한 빨라진다. 계획을 세우고 판단하고 의사 결정을 하는 전두엽이 활성화되어 문제 해결 능력이 강화되면, 부의 증가 속도도 빨라진다.

자산 증가는 내적 동기를 부여한다. 소비와 같은 단기 쾌락을 통제함으로써, 지속적인 자산 증가가 가능해진다.

아무리 뛰어난 명마라도 한 걸음에 천 리를 갈 수는 없는 법이다. 부자가 되고 싶은 마음이 간절하더라도 서둘지 말고 꾸준히 자산을 쌓아나가야 한다. 그러다 보면 어느 한순간, 자산이 폭발적으로 증가하면서 부자가 된다.

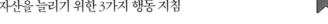

꾸준히 자산을 늘리기 위한 3가지 행동 지침

• 수입과 저축 및 투자는 점차 늘려나가고, 지출은 줄여나간다.
• 부채와 투자 수익의 손익비를 수시로 점검한다.
• 부업을 찾는 한편, 책이나 강연 등을 통해서 새로운 금융 관련 지식을 쌓는다.

# 나는 찾아온 기회를 놓치지 않는다

나는 기회가 찾아오면 재빨리 낚아채는가?
다른 사람이 낚아채가는 것을 빤히 바라보고 있거나,
그것이 기회인지도 모른 채 다른 일에 골몰해 있지는 않는가?

인류에게 기회는 생존과 깊은 관계가 있다. 종족의 운명은 기회를 잡느냐 놓치느냐에 따라서 생존과 소멸로 갈렸다. 기회를 잡은 종족만이 살아남아 문화적·경제적 지위를 향상시켜왔다.

기업 또한 마찬가지다. 생존하기 위해서는 시장의 변화를 관찰하다 기회를 잡아야 하고, 그마저 여의치 않을 때는 스스로 기회를 창출해내야 한다. 생존하기 위해서는 시장 분석, 경쟁 분석 등을 통해 새로운 기회를 발굴해내고 전략을 짜서 최대한의 수익을 내야 한다.

때로는 높은 리스크를 동반한 기회가 찾아오기도 한다. 자주 오는 기회가 아니라면 리스크가 높다는 이유로 외면해서는 안 된다. 경쟁에서 우위를 점하고, 지속적인 성장을 위해서는 때로는 높은 리스크를 감수해야 한다.

'고기도 먹어본 사람이 많이 먹는다'는 속담이 있듯이, 기회도 잡아본 사람이 재빨리 낚아채는 법이다. 처음 기회를 접하자면 뇌에서는 잡아야 할지 말아야 할지를 놓고 갈등이 증폭된다. 나에게 얼마만큼의 이익이 될지, 리스크를 감수할 만큼의 가치가 있는지에 대한 일종의 손익계산서를 뽑기 위한 과정이다. 그러다 결단을 내려서 기회를 잡고 나면, 새로운 정보를 학습하고 변화에 적응하는 뉴런이 생성된다. 결과마저 좋다면 보상 시스템이 가동하고, 순환 고리가 형성되면서 뇌 자체가 변한다.

그다음부터는 의사 결정이 한결 빨라진다. 또 다른 기회가 찾아오면 다른 사람이 미처 발견하기도 전에 매가 병아리를 채듯 낚아챈다.

부자들은 스스로 기회를 만들기도 한다. 하지만 자산을 늘리는 기회를 스스로 창출하는 일은 쉽지 않다. 기회를 창출할 능력이 없다면 찾아온 기회만큼은 반드시 붙잡아야 한다.

> "기회를 놓치지 마라. 인생은 매 순간이 기회이다. 남들보다 앞서 가려면 과감한 결단을 실행해야 한다. '안전제일'만을 고수한다면 먼 곳까지 배를 저어갈 수 없다."
>
> _데일 카네기

고대 그리스신화에 등장하는 기회의 신 카이로스는 앞머리는 무성하지만 뒤통수는 대머리이다. 눈앞에 있을 때는 언제든지 낚아챌 수 있을 것 같지만 지나가버리면 다시는 붙잡을 수 없음을 상징적으로 보여주고 있다.

고수익이 나는
최신 트렌드를 익히고,
관련 정보를 파악한다.


투자·금융·사업 분야의
전문가들과
네트워크를 구축한다.


평소에 리스크를 평가하고
관리하는 능력을
기른다.

# 나는 새로운 아이디어와
# 혁신을 추구한다

나는 부자가 되기 위해 새로운 아이디어와 혁신을 추구하는 사람인가?
여전히 낡은 사고의 틀에 갇혀 있지는 않은가? 변화의 물결에 떠밀려
뒷걸음질하면서 부자가 되기만을 간절히 기도하고 있는 것은 아닐까?

인간은 새로운 아이디어와 혁신을 통해 주어진 환경을 개
선하고자 하는 욕구를 지니고 있다. 만약 인류 역사에 새로운 아이디
어와 혁신이 등장하지 않았다면 인류는 오래전에 멸종되었을 가능성
이 높다.

고대 문명은 농업기술·금속공예·건축 기술 등의 혁신이 있었기에
가능했고, 산업혁명은 증기기관·방적기 등의 새로운 발명품이 출현
했기에 가능했고, 정보화 사회 역시 컴퓨터와 인터넷의 발달·디지털
기술의 혁신·빅 데이터 및 인공지능 등의 출현으로 가능해졌다.

역사를 살펴보더라도 경제적 번영과 함께 부를 축적할 기회를 제공
한 것은 새로운 아이디어와 혁신이었다.

아래 열거된 사람들의 공통점이 무엇일까?

스티브 잡스, 마크 저크버그, 빌 게이츠, 일론 머스크, 제프 베이조
스, 래리 페이지, 세르게이 브린, 리드 헤이스팅스, 잭 도시, 에반 윌리
엄스, 에반 스피겔, 브라이언 체스키, 트래비스 캘러닉, 제임스 다이
슨, 하워드 슐츠, 피터 틸….

새로운 아이디어와 혁신으로 시장을 선점해서 세계적인 갑부가 된 사람들이다. 부자가 되기 위해서는 여러 가지가 필요하지만 새로운 아이디어와 혁신은 결정적 무기라고 할 수 있다. 무엇보다도 새로운 아이디어와 혁신은 '부자의 땅'으로 가는 데 걸리는 시간을 믿기지 않을 만큼 빠르게 단축시켜준다.

> "혁신은 끊임없는 창의력과 열정의 결합이다."
>
> _제프 베이조스

부자가 되고 싶다면 평소 창의력을 길러야 한다. 스스로 창의력이 부족하다고 판단되면 창의력이 높은 사람을 찾아내는 안목이라도 갖춰야 한다.

---

창의력을 기르기 위한 3가지 행동 지침

• 소설이나 영화, 드라마를 보기 전에 전체적인 줄거리와 결말을 상상해본다.
• 해결하고 싶은 특정 주제를 정한 뒤, 가능한 모든 아이디어를 떠올리며 적어본다.
• 나의 의견과 다를 경우, 상대방의 입장에서 생각해본다.

# 나의 주변에는 금융 전문가가 있다

나의 주변에 금융 전문가가 있는가?
단순히 얼굴만 아는 이웃은 아닌가? 그 사람과 자주 연락을 주고받으며,
나의 재정 상태와 투자에 대해서 조언을 구한 적이 있는가?

금융 전문가는 방대한 금융 데이터를 분석하고 해석해서 투자자에게 신뢰할 수 있는 정보를 제공한다. 시대의 변화에 따라 자산 포트폴리오를 최적화하고 리스크를 관리해서 수익을 극대화하는 중요한 역할이 필요하므로, 부자가 되려면 금융 전문가의 도움은 필수다.

'서당개 삼 년이면 풍월을 읊는다'는 속담이 있다. 금융 전문가와 오랫동안 교류하다 보면 자연스럽게 금융 관리에 눈을 뜨게 되고, 재정 관리 능력과 함께 스스로 합리적인 결정을 내리는 데 필요한 지식을 쌓을 수 있다.

무엇보다도 금융 전문가와 인적 네트워크를 형성할 경우, 나의 형편과 개인적 목표를 고려한 맞춤형 재정 조언을 얻을 수 있다. 또한 금융 전문가가 형성하고 있는 인적 네트워크를 활용하면 더 많은 기회와 자원을 얻을 수 있으므로, 부를 축적하기도 한결 수월하다.

인간은 이성적인 동물이지만 종종 근거 없는 확신이나 과도한 두려움에 사로잡혀서 돌이킬 수 없는 실수를 저지르곤 한다. 확신에 차서 투자했다가 재산을 전부 잃거나, 두려움 때문에 절호의 기회를 눈앞에서 놓치고 평생을 후회하며 사는 사람들이 부지기수이다.

> "내가 정의하기로는, 어떤 분야든 전문가라 하면 실제로 두려워할 만한 어떤 일이 진행되고 있는지에 대해서 충분히 알고 있는 사람이다."
>
> _P.J. 플라우거

전문가는 실수를 미연에 방지해준다. 거기다가 나의 행동 패턴을 분석해서, 잘못된 행동 패턴을 교정하는 데 결정적인 도움을 주기도 한다.

---

금융 전문가를 최대한 활용하기 위한 3가지 행동 지침

- 주기적으로 재정 상담을 받는다.
- 맞춤형 투자 전략에 대해서 충분히 논의한다.
- 피드백을 적극적으로 수용해 재정 계획을 세운다.

# 나는 균형 잡힌 사고력을 지니고 있다

나는 균형 잡힌 사고력을 지니고 있는가?
순간적인 감정에 휩싸여서 충동적인 결정을 내린 뒤 후회한 적은 없는가?
확신에 찬 나머지 주변 사람들의 조언은 물론이고, 전문가의 의견마저
배척한 적은 없는가? 순간의 쾌락에 빠져, 미래를 위해
투자할 시간을 헛되이 낭비한 적은 없는가?

　　인류는 시시각각 변화하는 환경 속에서 살아남기 위한 다양한 전략을 사용했고, 그 덕분에 전체 인구는 꾸준히 늘었다. 문명이 발달하고 사회구조가 복잡해짐에 따라, 협력을 이끌어내고 자원을 효율적으로 분배하기 위해서는 균형 잡힌 사고력이 필요했다. 그 과정에서 '인간의 뇌'라 불리는 대뇌피질이 점차 커졌는데 특히 계획하고 판단하며 문제를 해결하는 뇌의 총사령관 격인 전두엽이 발달하였다.

　　인간은 이성을 지닌 동물이지만 감정의 동물이기도 해서, 잘못된 결정을 내린 뒤 자책하는 경우도 허다하다. 그러므로 시장의 불확실성과 변동성을 이해하고 적절하게 대응하려면, 균형 잡힌 사고력을 지녀야 한다. 다양한 정보와 데이터를 종합적으로 분석해서, 포트폴리오를 다각화하여 리스크를 분산시켜야만 장기적으로 안정적인 수익을 창출할 수 있다.

　　자산을 늘리는 것도 중요하지만 지키는 것은 그보다 훨씬 더 중요하다. 성공한 사업가들이 역사책을 즐겨 읽는 이유 중 하나는, 역사를 통해 교훈이나 영감을 얻어서 비슷한 실수를 반복하지 않기 위함이다.

지나친 욕심이나 편협한 시각은 개인이나 가문, 심지어 국가의 몰락을 초래할 수 있다. 메디치 가문이나 로마노프 왕조의 몰락, 베어링스 은행의 파산 등은 균형 잡힌 사고력의 중요성을 여실히 보여준다.

부자가 되려면, 감정에 휘둘리지 않고 상황을 객관적으로 분석하여 합리적 결정을 내릴 수 있는 능력을 키워야 한다. 그러기 위해서는 다양한 관점에서 문제를 바라보며 나와 다른 의견일지라도 존중하고 수용할 수 있어야 한다.

특히 잦은 후회와 함께 인생을 살아왔다면 자기 통제력을 키우는 한편 리스크를 관리하고, 정보를 수집하고 분석하며, 지속적으로 자기계발을 해나갈 필요가 있다.

"이익이 확실할 때만 움직이십시오. 이건 가장 기본적인 것입니다. 승산을 이해해야 하고, 유리할 때만 베팅하는 훈련을 해야 합니다."

_찰리 멍거

체조 선수가 되려면 평균대에서 중심을 잡을 줄 알아야 하듯이, 부자가 되려면 균형 잡힌 사고력을 지녀야 한다. 아무리 훌륭한 기술을 지녔더라도 기본기가 없다면, 재능을 펼칠 기회조차 주어지지 않는다.

의견이 나와 다르더라도
편견 없이 경청한 뒤,
정보 분석과 충분한 사색을 통해
수용 여부를 결정한다.


어떤 정보든
비판적인 시각으로 접근해서
논리적 오류를 찾아내고,
근거를 확인한다.


주기적으로
나의 행동과 결정을 되돌아보며,
개선할 점을 찾는다.

# 나는 자유로운 영혼을 지니고 있다

나는 자유로운 영혼을 지니고 있는가?
돈의 노예가 되어서 삶의 의미와 가치를 망각한 채
하루하루를 살아가고 있지는 않는가?
나의 꿈과는 거리가 먼 인생을 살고 있지는 않는가?

부자가 되려면 돈을 사랑해야 하지만 돈에 사로잡혀서는 안 된다. 진정한 부자들은 인간의 본성을 깊이 이해하고 있으며, 단순한 자산 증식이 아니라 물질적 성공을 넘어선 자아실현이 최종 목표이다.

사회적 관습과 규범에 얽매이지 않는 자유로운 영혼을 지니면 평범한 사람과 다른 시각으로 세상을 바라보게 되고, 다양한 사람들과 네트워크를 형성할 수도 있어서, 남들이 발견하지 못하는 새로운 기회를 포착할 수 있다.

자유로운 영혼을 지닌 사람은 자신의 행동을 자율적으로 조절하고 결정하는 높은 '자기결정력'을 지니고 있다. 자아실현을 위한 내적 동기가 확실해서, 어려운 상황에서도 크게 스트레스를 받지 않고 묵묵히 자신의 일을 해낸다. 또한 긍정 마인드를 지니고 있어서 삶의 만족도가 높고, 도전 자체를 즐기다 보니 실패를 두려워하지 않으며, 설령 실패하더라도 회복 탄력성이 높아서 좌절에서 쉽게 벗어난다.

자유로운 영혼을 지닌 덕분에 기존의 틀에서 벗어나서 새로운 기회를 발견하고 부를 축적한 사람은 셀 수 없이 많다. 대표적인 인물로는 전기차·우주여행·재생에너지 등 혁신적인 분야에 뛰어들어 성공을 거둔 일론 머스크, 버진 그룹의 창립자인 리처드 브랜슨, 아마존을 설립하여 전자상거래의 혁신을 이끈 제프 베이조스, 언더웨어 산업에 혁신을 가져온 스팽스의 창립자 사라 블레이클리 등을 들 수 있다.

> "세상이 좋아하라고 하는 것을 그대로 받아들이기보다, 네가 무엇을 좋아하는지 아는 것이 네 영혼을 살아 있게 한다."
>
> _로버트 루이스 스티븐슨

부자가 되는 것은 좋지만 부자가 되기 위해서 돈에 영혼을 저당 잡혀서는 안 된다. 돈은 자신의 뒤를 졸졸 쫓아오는 사람보다는, 자신의 꿈을 실현하기 위해서 자유롭게 영혼의 날개를 펼칠 줄 아는 사람을 더 좋아한다.

---

### 자유로운 영혼을 갖기 위한 3가지 행동 지침

- 다양한 관점을 수용하되, 나의 생각과 감정을 솔직히 표현한다.
- 글쓰기, 그림 그리기, 조각하기, 악기 연주 등과 같은 예술 활동을 통해서 아이디어를 표현한다.
- 새로운 경험을 통해서 내면 깊은 곳을 탐색해본다.

# CHAPTER 2

# 나는 가치 있는 삶을 산다

운명의 틀을 선택할 권리는 우리에게 없다.
하지만 그 안에 무엇을 채워 넣을지는 우리에게 달려 있다.

_다그 함마르셸드

# 나에게는 사명감이 있다

나에게는 가슴을 뛰게 하는
사명감이 있는가?

사명감에는 여러 종류가 있다. 개인의 성장과 발전을 목표로 하는 사명감, 사회에 기여하고자 하는 사명감, 직업을 통해서 의미 있는 일을 하고자 하는 사명감, 윤리적이고 도덕적인 행동을 추구하는 사명감, 영적 성장을 목표로 하는 사명감 등 다양하다.

한 가지 분명한 사실은, 사명감 없는 사람보다는 사명감을 지닌 사람이 삶의 만족도가 높고 가치 있는 인생을 살아간다는 것이다.

사명감을 가지려면 인간이라는 존재의 본질과 목적에 대한 사색을 거쳐야 한다. 내게 주어진 환경과 살아가는 시대를 돌아보고, 삶의 궁극적인 의미를 탐색하는 과정에서 사명감을 발견할 수 있다.

일단 사명감을 지니고 나면 동기부여와 관련한 뇌의 영역이 활성화된다. 의사 결정 등을 하는 전두엽과 감정을 다스리는 변연계와의 상호작용을 통해서 목표 지향적인 삶을 살게 된다.

사명감을 가슴에 품고 있으면 고난을 극복하고 한 걸음씩 다가갈 때마다 뇌에서 보상 시스템이 작동한다. 신경전달물질인 도파민의 분비로 기분이 좋아져서 지속적인 노력을 기울일 수 있으며, 크고 작은 성취감을 통해서 가치 있는 삶을 살아가게 된다.

사명감은 개인의 삶은 물론이고 조직에도 필요하다. 사명감을 지닌 리더는 조직의 비전과 목표를 명확히 설정한 뒤, 구성원에게 동기를 부여한다.

역사적으로 보더라도 사회 변혁과 발전을 이끌어온 것 역시 사명감이었다. 마하트마 간디의 비폭력 저항운동이나 마틴 루서 킹 목사의 인권 운동의 기저에는 사명감이 깔려 있었다.

그렇다고 해서 사명감을 거창하게 생각할 필요는 없다. 멋진 배우자나 좋은 부모가 되겠다는 다짐도 사명감이 될 수 있고, 선한 영향력을 퍼뜨리는 사람이 되겠다는 마음가짐도 사명감이 될 수 있다.

"인생이라는 무거운 짐에서 벗어날 수 있는 단 하나의 방법은 나에게 주어진 사명을 완수하는 일이다."

_랄프 왈도 에머슨

한 번뿐인 인생, 가치 있는 삶을 살고 싶다면 사명감을 가져야 한다. 사명감을 가슴에 품기 시작하면 가슴이 뜨거워지면서 허망하고 무의미했던 인생이 찬란한 별처럼 빛나기 시작한다.

여행이나 명상, 사색 등을 통해
내면의 목소리를 듣는
시간을 갖는다.


영감을 주는
멘토나 롤 모델을 찾아가서
진솔한 대화를 나눈다.


사회 활동이나
봉사 활동 등을 할 때 느끼는
기쁨의 정도를 숫자로 측정해본다.

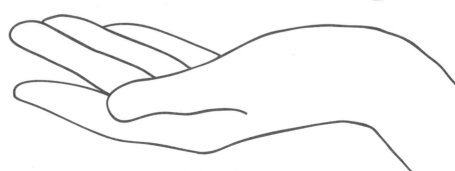

# 나는 성취감을 즐긴다

나는 성취감을 만끽하면서 살아가고 있는가?
무기력 속에서 어제와 똑같이 의미 없는 하루하루를
보내고 있지는 않는가? 바다에서 표류하는 부표처럼
목표 없는 인생을 살아가고 있지는 않는가?

성취감은 고달픈 인생을 살아가는 인류에게 주어진 신의 선물 같은 것이다. 원시 인류는 생존을 위해서 사냥, 낚시, 채집, 도구 제작 등 다양한 목표를 설정해야 했다. 비록 육신은 고달플지라도 목표를 달성하고 나면 짜릿한 성취감을 맛볼 수 있었다.

뇌는 목표를 달성했을 때뿐만 아니라 목표를 달성하는 상상을 할 때도 도파민이라는 신경전달물질을 분비해서 성취감을 살짝 맛보게 해준다. 미리 맛보는 쾌감은 동기를 강화하고, 목표를 달성했을 때 주어지는 한층 짜릿한 쾌감은 자신감과 함께 자존감 및 자기 효능감을 높여준다. 자존감이 올라가면 긍정적 평가가 늘어서 삶의 만족도가 높아지고, 자기 효능감이 올라가면 자신의 능력에 대한 신뢰가 높아져서 도전 자체를 즐기게 된다.

따라서 성취감은 좀 더 어려운 목표를 설정할 용기를 주고, 고난을 이겨낼 인내심을 길러주고, 문제 해결 능력을 키워줌으로써 인류의 발전과 문명의 진보를 이끌어온 보이지 않는 원동력이라고 할 수 있다.

아리스토텔레스는《니코마코스 윤리학》에서 진정한 행복이란 단순한 쾌락이 아니라, '덕(areté)'을 실현하고 자신의 잠재력을 최대한 발휘하는 삶으로부터 온다고 주장했다.

누구도 태어나면서부터 자기 안에 어떤 재능이 있고 얼마만큼의 잠재력이 숨겨져 있는지 모른다. 재능을 발견하려면 도전해봐야 하고, 잠재력을 최대한 발휘하려면 성취감을 맛봐야 한다.

> **"행복은 성취의 기쁨과 창조적인 노력의 스릴에 있습니다."**
>
> _프랭클린 D. 루스벨트

성취감은 존재 의미에 눈을 뜨게 할뿐더러 행복감을 준다. 즉, 성취감을 즐기는 삶은 개인의 삶에 의미를 부여하고, 사회 발전에 기여하는 가치 있는 삶이라고 할 수 있다.

---

### 성취감을 즐기는 삶을 위한 3가지 행동 지침

- 달성 가능한 작은 프로젝트부터 중간 크기의 프로젝트, 큰 프로젝트를 작성한다.
- 프로젝트 달성에 필요한 자원과 시간을 확보한 뒤 도전한다.
- 하나의 프로젝트를 달성하면 마음껏 기뻐한 뒤, 잘한 점과 못한 점을 기록한다.

# 나는 누구보다도 나를 잘 안다

나는 정말 나 자신에 대해서 잘 아는가?
컴퓨터나 기르는 애완견에 대해서는 속속들이 아는데
정작 나 자신이 무엇을 좋아하고 싫어하는지,
내가 원하는 인생이 무엇인지조차 모른 채 살아가고 있지는 않은가?

소크라테스는 "너 자신을 알라"라는 격언을 남겼다. 오랜 세월이 흘렀음에도 여전히 회자되는 이유는 무엇일까?

세월이 흘러도 인생의 본질은 변하지 않기 때문이다. 자기 성찰을 통해서 내가 누구인지를 알아야만 존재 의미를 깨닫고, 강점과 약점을 파악해서 어떻게 인생을 살아갈지 결정할 수 있지 않겠는가.

나 자신이 누구인지 정확하게 인지하지 못한 채 살아가다 보면 삶의 주체가 없어서 여러 어려움에 처할 수밖에 없다. 결정을 미루거나 결정을 내리지 못하는 '결정마비'가 올 수 있고, 감정을 제대로 처리하지 못하다 보니 분노조절장애나 우울증에 걸릴 수 있고, 스트레스 상황에서 적절히 대처하지 못하다 보니 스트레스 호르몬인 코르티솔이 과다 분비되어 건강이 악화할 수 있다. 또한 대인 관계에서도 주관이 뚜렷하지 못하다 보니 오해나 갈등을 빚을 수 있다.

심리학자 칼 로저스는 '자아 인식'과 '자기 수용'을 개인의 정신 건강과 행복에 중요한 요소로 보았다. 자신의 감정, 생각, 행동을 객관적으로 이해하고 인식하며, 자신의 장단점을 있는 그대로 받아들이면 심리적 안정감과 함께 자존감이 높아져 행복한 삶을 살 수 있다는 것이다.

가치 있는 인생을 살기 위해서는 자아 인식이 명확해야 한다. 자아 인식이 높아지면 어떤 인생을 살아야 할지 분명해진다.

자아 인식이 높은 사람은 정해놓은 인생의 목표를 향해 한 걸음씩 꾸준히 다가간다. 실패는 중단이 아닌 과정으로 받아들이고, 타인의 비난에도 담담하게 대응하고, 나의 감정은 물론이고 타인의 감정까지 잘 이해하고 공감하며, 윤리적 가치에 따라 행동한다.

"이상한 역설이지만, 나 자신을 있는 그대로 받아들일 때 비로소 변화할 수 있게 된다."

_칼 로저스

만약 자기 비하가 심하거나 도전 자체가 두렵다든지 삶의 만족도가 낮다면 명상을 하거나 일기를 써볼 필요가 있다. 내가 누구인지 잘 몰라서 빚어질 수 있는 문제이므로, 명상을 하거나 일기를 꾸준히 쓰면 자아 인식이 좀 더 명확해져서, 여러 문제가 자연스럽게 해결된다.

자아 인식을 높이기 위한 3가지 행동 지침

꾸준하게
일기를 쓰고,
명상을 생활화한다.


문학·역사·철학·인류학 등을
학습함으로써
인간의 본질에 대한
인문학적 탐구를 한다.


가족이나 친구를 대상으로
그들이 생각하고, 그들의 눈에 비치는
'나'에 대한 심층 인터뷰를 한다.

# 나는 향기로운 사람이다

나는 이 세상에 선한 영향력을 퍼뜨리는 사람인가?

꽃밭에 가면 꽃향기가 나고, 쓰레기장에 가면 악취가 난다. 가치 있는 삶을 사는 사람들은 직간접적으로 선향 영향력을 퍼뜨린다.

인간의 뇌에는 '거울신경세포'가 존재한다. 전두엽과 두정엽의 특정 영역에 위치하고 있으며 행동 인식, 의도 이해, 공감, 학습 등 다양한 기능을 한다. 다른 사람의 행동을 보면 그 의미를 파악하고, 의도를 이해하고, 감정에 공감하고, 관찰을 통해 새로운 행동을 학습하기도 한다. 거울신경세포는 사회적 상호작용과 사회적 관계 형성에 필수 요소라고 할 수 있다.

인간은 홀로 독단적인 삶을 살아가는 것 같아도 누군가에게 영향을 끼친다. 선한 사람은 선한 영향력을, 악한 사람은 악한 영향력을 끼친다.

"인간은 모방하는 동물이다. 이러한 특성은 인간의 모든 교육의 근원이다. 인간은 요람에서 무덤까지, 남이 하는 것을 보고 그대로 따라 하기를 배운다."

_토머스 제퍼슨

대체적으로 행복하고 만족스러운 삶은 타인에게 선한 영향력을 주고, 선한 영향력을 줌으로써 그 행복도와 만족감은 더욱 높아진다. 가치나 신념을 실현하는 삶이 존경의 대상이 되기 때문이다.

예술가는 작품을 통해서 인류에게 영감을 주고, 과학자는 발명을 통해서 삶의 편리를 도모하고, 철학가는 진리를 탐구함으로써 생각의 폭을 넓혀주고, 교육자는 지식을 전수함으로써 미래를 열어주고, 의사는 의술을 통해서 생명을 구하고, 정치가는 공공 정책을 통해 사회 정의와 평등을 추구하고, 기업가는 사업을 통해 경제 발전과 일자리 창출에 기여하고, 인권운동가는 차별과 불평등에 맞서 싸워 인권을 증진시킨다.

가치 있는 삶은 멀리 있는 것이 아니라 '업(業)의 본질'에 충실하는 데서부터 출발한다. 직업을 통해서 개인의 이익만을 추구하기보다는 가족이나 이웃, 사회나 국가에 끼치는 영향 등을 생각해볼 필요가 있다.

우리는 물질이든 정신이든 나보다 풍요로운 삶을 살아가는 사람을 보면 부러워하지만 그것은 내 삶이 아니다. 선한 영향력을 퍼뜨리는 삶은 자신의 본분에 충실한 삶이다. 내 삶을 사랑하고, 최선을 다하는 삶이야말로 가치 있는 삶이라고 할 수 있다.

---

선한 영향력을 주는 삶을 위한 3가지 행동 지침

• 내 직업의 본질에 대해서 사색한 뒤, 개선할 점을 찾는다.
• 친절을 베풀고 존중하는 태도를 유지한다.
• 어려운 사람을 발견하면 도움의 손길을 내민다.

# 나는 참된 지식인이다

나는 지식인의 삶을 살고 있는가?
학력만 높은 가짜 지식인으로 살아가고 있지는 않는가?

진짜 지식인은 단순히 지식 많은 사람이 아니라, 지적 호기심이 왕성해서 끊임없이 배움을 추구하며 '앎을 실천하는 삶'을 사는 사람이다.

뇌 과학자의 연구에 의하면, 인간의 뇌는 평생 학습을 통해 성장하고 변화할 수 있는 '가소성'을 지녔다. 새로운 정보와 경험에 의해서 신경세포 사이의 연결망이 지속적으로 변화한다는 것이다.

새로운 지식을 받아들이고 기억하려는 노력은 새로운 뉴런의 성장을 촉진하고, 시냅스 연결을 강화한다. 규칙적인 운동, 정서적인 대인관계, 명상 등은 뇌의 가소성을 촉진하는 데 도움된다. 지식인의 삶은 뇌 건강을 유지함은 물론이고, 치매와 같은 퇴행성 질환을 예방하는 데도 효과적이다.

지식을 쌓고 실행하다 보면 선순환 고리가 형성된다. 이로써 자기효능감이 높아져 더 많은 지식을 쌓고 좀 더 가치 있는 삶을 살기 위해서 노력하게 된다.

학력이 높다고 해서 혹은 많이 알고 있다고 해서 지식인이 아니다.

참된 지식인은 끊임없이 학습하고 사색함으로써 지혜를 얻고, 이를 통해 가치 있는 삶을 추구한다. 또한, 자신의 지혜를 바탕으로 사회 변화를 주도하고, 문제를 해결하고, 타인을 도우면서 더 나은 세상을 만들기 위해 노력한다.

> "당신에게 지식이 있다면 남들도 그것으로 자신의 촛불을 밝힐 수 있도록 하라."
>
> _마가렛 풀러

지식이란 씨앗과도 같다. 꽃이 꽃씨를 퍼뜨려서 세상을 환하게 만들듯, 참된 지식인은 지식이라는 씨앗을 퍼뜨려서 좀 더 나은 세상을 만들어나가는 사람이다.

---

지식인의 삶을 살기 위한 3가지 행동 지침

• 다양한 분야의 책을 읽고 세미나에 참석하는 등 지속적으로 학습한다.
• 책을 쓰거나, 토론회에 참석하거나, 블로그에 글을 쓰거나, 강연 등을 통해서 지식을 공유한다.
• 사회 문제에 관심을 갖고 자원 봉사나 시민단체 활동에 참여한다.

# 나는 성장하는 삶을 살고 있다

나는 성장하는 삶을 살고 있는가?
육체적 성장이 끝나면서 지식은 물론이고,
나의 삶마저 정체되어 있는 것은 아닌가?

육체는 일정한 나이에 이르면 성장이 멈추지만 뇌는 새로운 경험과 학습을 통해서 지속적인 성장이 가능하다. 꾸준한 학습은 인지 기능과 문제 해결 능력을 향상시켜서 뇌를 유연하게 하고, 삶의 질을 높인다.

실존주의 철학가들은 자유와 선택에 따른 책임 그리고 자기 성장을 강조했다. 사르트르는 인간은 본질적으로 자유로운 존재이며, 스스로의 삶을 선택하고 만들어나가는 과정에서 자기 성장이 이루어진다고 주장했다. 니체는 '초인'이라는 개념을 통해, 인간은 끊임없이 자기 자신을 초월하고 극복해나가야 한다고 주장했다. 자기 성장과 자아실현을 통해 인간은 좀 더 고차원적인 존재로 발전할 수 있다는 것이다.

성장하는 삶의 목표는 결국 자아를 실현하는 삶이다. 심리학자들의 연구 결과에 의하면, 성장 마인드를 지닌 사람은 그렇지 않은 사람보다 더 높은 학업 성취도를 가지며, 삶의 만족도와 행복감 또한 높은 것으로 나타났다.

급변하는 세상에서 살아남는 유일한 비결은 성장뿐이다. 새로운 지식을 계속해서 수용하고 적응 능력을 키워야만, 변화하는 세상에서 생존할 수 있고 자기 성장을 통해 자아를 실현할 수 있다.

성장하는 삶을 살다 보면 지혜가 늘고, 개인의 삶도 풍요로워진다. 잠재력과 창의성을 한껏 발휘하는 사이에 예술·음악·과학·기술 등 다양한 분야에서 명성을 떨치기도 하고, 복잡한 사회 문제를 해결하기도 한다.

> "안전을 향해 되돌아가거나 성장을 향해 전진하는 것을 선택할 수 있습니다. 계속해서 성장을 선택해야 하고, 계속해서 두려움을 극복해야 합니다."
>
> _에이브러햄 매슬로우

매슬로우의 욕구 단계 이론에서도 자아실현은 최종 단계이다. 인생의 궁극적 목표이며, 이를 통해 가장 높은 만족과 행복을 느낄 수 있다고 한다.

우리는 생명이 다하는 그 순간까지 성장하는 삶을 살아야 한다. 성장이 멈추면 노화가 빨라지면서 질병과 죽음이 찾아온다.

---

성장하는 삶을 위한 3가지 행동 지침

- 삶의 목표를 정하고, 구체적으로 계획을 짠다.
- 나의 전문 분야가 아니더라도 새로운 지식과 기술을 배우고 익힌다.
- 나의 지식과 능력을 활용해 사회에 봉사할 방법을 찾는다.

# 나에게는 사색하는 시간이 있다

나는 평소 사색을 즐기는가?
나는 삶의 의미를 탐구하고, 어려운 상황에 처하더라도
운에 맡기기보다는 현명한 답을 찾아 문제를 해결하려고 노력하는가?

뇌 과학자들의 연구 결과, 사색은 전두엽 피질과 밀접하게 연결되어 있으며 계획·추론·의사 결정·문제 해결 등 다양한 인지 기능에 중요한 역할을 한다는 사실이 밝혀졌다.

사색 과정에서 뇌는 정보를 분석하고, 다양한 가능성을 고려해서 최적의 선택을 내린다. 과거의 경험과 지식을 기억해내고, 새로운 정보를 받아들이는 과정은 사색의 토대가 된다. 사색을 통해서 기억된 학습과 지식을 재구성하고, 새로운 의미를 부여해서 좀 더 심층적인 이해가 가능해진다. 또한 사색은 뇌의 신경 가소성을 촉진하여 창의력과 문제 해결 능력을 향상시킨다.

최근 연구에 의하면 명상을 꾸준히 하면 전두엽 피질, 해마, 선상체, 섬의 회백질 밀도가 증가하는 것으로 나타났다. 회백질은 신경세포체가 모여 있는 부분으로 사고, 학습, 기억, 감정 조절 등 다양한 인지 기능과 관련이 있다.

부정적인 사고는 스트레스와 불안을 증가시키고, 우울증과 같은 정신질환을 불러온다. 가치 있는 삶을 살기 위해서는 자신의 잠재력과 성장 가능성을 믿어야 한다. 사색은 자기 생각과 감정을 객관적으로 분석해서 부정적인 사고를 바로잡는 데도 도움을 준다.

사색을 통해서 회백질 밀도가 증가하면 집중력과 감정 조절능력이 향상된다. 학습 능력이 높아짐은 물론이고 기억력도 좋아진다. 반면 스트레스는 감소하고, 불안은 완화되어 우울증 증상 개선에도 효과가 있다.

> "인간은 미숙한 생각으로 시작하나, 제대로 생각하려는 노력을 통해서 지혜로워진다."
>
> _임마누엘 칸트

칸트는 인간을 '자율적 존재'로 정의하고, 이성을 통해서 스스로 판단하고 선택할 능력이 있음을 강조했다. 사색을 통해 자신의 생각과 행동을 비판적으로 평가하고, 자기 판단에 따라 가치 있는 삶을 위한 자율적 선택을 해야 한다는 것이다.

인간은 생각하는 동물이므로, 우리는 사색하는 습관을 길러야 한다. 가치 있는 삶을 살기 위해서는 끊임없이 사색하고 질문하며, 다양한 관점에서 이해하고, 비판적으로 사고하는 능력을 키울 필요가 있다.

이 세상에는 해결하지 못한 수많은 문제가 산적해 있는데, 알고 보면 그 답은 모두 자기 안에 있다. 우리가 찾으려고 마음먹는다면 해결하지 못할 문제는 없다.

일기를 쓰면서
틈틈이 자신의 생각과
감정을 기록한다.


혼자 산책하며 생각을 정리하고,
내면의 목소리에 귀를 기울인다.


문제에 부딪치면
스스로 질문을 던진 뒤,
다양한 가능성을 고려해서
논리적으로 추론한다.

# 나는 타인을 이해하고 배려한다

나는 타인을 얼마나 이해하려고 노력하며,
얼마나 배려하며 살아가고 있는가? 나와 생각이 다르다는 이유로
타인의 의견을 배척하고, '나만 잘 살면 되지'라는
독단적 생각으로 나의 이익만 챙기며 살아가고 있지는 않는가?

인류는 협력과 공동체 의식을 통해 번영해왔다. 사냥이나 낚시 또는 채집 등에서 협력은 필수적이었으며, 타인을 배려하는 행동은 공동체 의식을 강화해서 사회적 응집력을 높였다.

협력과 공동체 의식은 '공감 능력'으로부터 비롯된다. 인간의 공감 능력은 유아기부터 발달한다. 아기들은 다른 사람의 표정과 감정을 인식할 수 있으며, 약 2세 무렵에는 타인의 감정을 이해하고 그에 따라 반응한다.

공감 능력이 발달하면 정서적 공감과 관련 있는 편도체, 감정 조절에 중요한 역할을 하는 전두엽 피질이 활성화된다. 뇌의 시상하부와 부신피질에서는 '사랑의 호르몬'으로 불리는 옥시토신이 분비된다.

옥시토신은 주로 사회적 상호작용, 신체적 접촉, 신뢰감 형성, 출산 및 수유 등의 상황에서 분비된다. 특히, 누군가를 돕거나 신뢰를 바탕으로 한 관계를 형성할 때 그리고 애정 어린 행동을 할 때 분비가 활발해진다. 옥시토신 수치가 높을수록 공감 능력이 뛰어나고, 타인을 돕고 싶은 마음도 커진다는 연구 결과도 있다.

공리주의 철학가들은 '최대 다수의 최대 행복'을 추구하는 것을 선한 행동이라고 여겼다. 헨리 시즈윅은 공리주의의 핵심 원칙을 '이타주의'라고 보았다. 개인의 이익뿐만 아니라 사회 전체의 이익을 고려해서 행동해야 한다는 것이다.

> "개인의 행복은 다른 사람들의 행복을 위한 봉사와 연결되어 있다."
>
> _존 스튜어트 밀

인간은 사회적 동물이다. 인간은 타인과의 관계 속에서 나의 가치를 발견하고, 타인을 이해하고 배려할 때 삶의 만족감도 커진다.

가치 있는 삶은 공감하는 삶이다. 물론 나의 행복부터 챙겨야 하지만 이웃의 행복도 챙길 필요가 있다. 동시대를 살아가는 사람들은 나의 일부이며, 내 삶의 일부이기 때문이다.

---

공감 능력 향상을 위한 3가지 행동 지침

- 상대방의 말을 경청하고, 적절한 질문을 통해 이해를 높인다.
- 다른 사람들의 문화, 배경, 경험 등을 존중한다.
- 정서적 지지와 격려뿐만 아니라 실질적인 도움을 제공한다.

# 나는 새로운 도전과 모험을 즐긴다

나는 새로운 도전과 모험을 즐기며 살아가고 있는가?
변화가 두려워 현실에 안주한 채 크고 작은 불편을 감수하며
살아가고 있지는 않는가?

인류에게 도전과 모험은 생존을 위해서 선택해야만 하는 운명 같은 것이었다. 공동체 유지를 위해서도 현실적으로 필요한 덕목이다 보니, 도전이나 모험과 관련한 용감성·탐험 정신·개척 정신 등은 긍정적인 가치로 인식되었다.

인류 역사는 탐험과 발견의 역사라고 할 수 있다. 새로운 땅을 발견하고 새로운 기술을 개발하고 새로운 지식을 습득하기 위한 도전과 모험은, 사회 변화와 인류 발전을 이끌어온 원동력이다.

도전이나 모험과 같은 새로운 경험은 뇌를 발달시킨다. 기존 신경망을 강화하고 새로운 신경망을 형성해서, 문제 해결 능력을 향상시킬뿐더러 창의력을 높여준다.

도전과 모험을 즐기다 보면, 개인의 성장과 발전을 촉진해서 삶의 목표를 달성하는 데 필요한 자신감이 생기고, 자기 자신은 물론이고 세상을 바라보는 시각도 긍정적으로 변한다. 열정과 에너지가 증가해서 삶의 만족감도 높아진다.

인간은 모든 것이 불확실한 세상에서 살아가고 있다. 도전과 모험

은 불안감을 감소시키고, 스트레스 회복 능력을 높여준다.

"인간은 정지하지 않으며 정지할 수 없다. 그래서 현 상태로 머물지 않는 것이 인간이다. 현 상태로 있을 때 그는 더 이상 가치가 없다."

_장 폴 사르트르

실존주의 철학의 거장인 사르트르는 인간은 '선택의 자유'를 갖고 있으며, 선택에 대한 책임을 져야 한다고 주장했다. 선택의 자유를 통해 삶을 의미 있게 만들어가기 위해서는 새로운 도전과 모험을 통해서 끊임없이 자신의 삶을 성장시켜야 한다는 것이다.

뇌는 보수적이어서 새로운 시도보다는 안주하려는 성향이 강하다. 그렇다고 해서 도전과 모험을 두려워한다면 인간에게 남는 것은 결국 쇠락과 죽음뿐이다.

도전과 모험은 현실에 안주하지 않고 더 나은 삶을 살겠다는 의지의 표현이다. 가치 있는 삶을 살고 싶다면 도전과 모험을 멈추지 말아야 한다.

도전과 모험을 즐기기 위한 3가지 행동 지침

• 불안이나 두려움을 느낄 때 무시하지 말고 그 실체를 확인한다.
• 하고 싶은 일이 있다면 적절한 시기가 오기를 기다리지 말고, 즉시 계획을 세워 실행한다.
• 어색하고 불편한 자리일지라도 최대한 즐기려고 노력한다.

# 나는 자기 관리를 잘한다

나는 자기 관리를 잘하는 편인가?
그렇다면 거울에 비친 나의 몸매는 어떠한가? 나쁘지 않은 정도인가?
혹시 이미 포기한 지 오래라 애써 거울을 외면한 채
살아가고 있지는 않은가?

가치 있는 삶을 살아가는 사람들은 자존감이 높고 에너지
가 넘친다. 그들은 모델 같은 몸매는 아닐지라도 나름 멋진 몸매를 유
지하고 있다.

미국의 풀커슨 교수 연구진이 2007년 133개 연구를 대상으로 '체중
과 자존감의 관계'를 메타 분석한 결과, 적절한 체중을 유지하는 사람
이 그렇지 않은 사람보다 자존감이 높았다. 네덜란드 암스테르담 브
리제대학교 메디컬 센터 연구진이 1990~2010년에 진행된 14개의 연
구결과를 메타 분석한 결과, 운동을 규칙적으로 한 학생들의 성적과
행복지수가 그렇지 않은 학생들에 비해 22~75% 더 높게 나타났다.

다양한 연구 결과를 종합해보더라도 자기 관리를 잘하는 사람이 그
렇지 않은 사람보다 삶의 만족도나 행복도 및 자기 존중감이 높고, 스
트레스 대처 능력과 어려움에 처했을 때의 회복 탄력성도 높은 것으
로 나타났다.

운동은 뇌의 혈류를 증가시키고 신경세포의 생성을 촉진한다. 전두
엽의 기능을 향상시켜서 의사 결정 능력과 자기 통제력을 강화한다.

운동을 하면 오히려 음식에 대한 욕구를 조절할 수 있게 된다.

규칙적인 운동, 건강한 식습관, 충분한 수면 등을 통해 자기 관리를 하면 도파민과 세로토닌 같은 행복 호르몬의 분비가 왕성해져서 긍정적인 감정 상태를 유지할 수 있다.

"나는 스스로를 돌보는 것보다 더 중요한 일을 알지 못한다."

_미셸 드 몽테뉴

16세기 프랑스의 인문주의 철학가이자 수필가였던 몽테뉴는 자신의 생각·감정·행동을 성찰함으로써 삶의 의미를 찾고, 자기 관리를 철저히 함으로써 더 나은 사람이 되고자 했다.

육체와 정신은 분리될 수 있는 것도 아니고, 분리할 수도 없다. 뫼비우스의 띠처럼 하나로 연결되어 있다. 가치 있는 삶을 살기 위해서는 건강하고 활기찬 삶을 유지할 건강한 육체가 뒷받침되어야 한다.

---

자기 관리를 잘하기 위한 3가지 행동 지침

• 운동 목표를 정한 뒤, 장기·중기·단기 계획을 세운다.
• 주말에는 친구, 가족 또는 운동 동호회원들과 함께 즐겁게 운동한다.
• 충분한 수면과 휴식을 취해 몸의 피로를 회복하고, 운동 효과를 극대화한다.

# 나의 삶에는 우선순위가 있다

나는 삶에 우선순위를 정해놓고 살아가고 있는가?
중요한 일들이 동시에 겹치는 바람에 잘못된 결정을 해놓고,
뒤늦게 후회한 적은 없는가?

인간은 제한된 시간 속에서 삶을 살아가는 존재이다. 뇌 역시 끊임없이 정보를 처리하고 결정을 내리지만, 그 성능은 무한하지 않다. 한정된 시간과 인지 자원을 가지고 가치 있는 인생을 살아가려면 선택과 집중은 필수이다.

사회행동학 교수 배리 슈워츠는 저서 《선택의 역설》에서 과도한 선택의 자유가 오히려 불안, 후회, 불만족을 야기할 수 있다는 심리적 역설을 제시했다. 슈워츠는 슈퍼마켓에서 6가지 잼과 24가지 잼을 선택할 수 있는 두 개의 부스를 설치하고 고객들의 반응을 관찰했다. 결과적으로 24가지 잼 부스를 방문한 고객은 더 많은 선택 옵션을 가졌음에도 불구하고 잼 구매 가능성이 오히려 낮았다.

인생 역시 마찬가지다. 삶의 우선순위를 정한 뒤 선택의 범위를 좁히면 불안과 스트레스를 줄이는 한편, 선택에 대한 만족도를 높일 수 있다. 예컨대 취미 활동 중 좋아하는 취미 몇 가지에 집중하면, 다양한 취미를 동시에 하려고 노력하는 것보다 더 큰 만족감을 얻을 수 있다.

"인간은 어떤 상황에서도 자유로운 의지를 갖고 있다. 심지어 가장 극한적인 상황에서도 자신의 태도와 행동을 선택할 수 있으며 이러한 선택을 통해 삶의 의미를 부여할 수 있다."

_빅터 프랭클

오스트리아 출신의 정신과 의사이자 철학가인 프랭클은 홀로코스트 생존자이다. 나치 수용소에서 3년간 극심한 고통과 학대를 겪으며 인간의 의지와 삶의 의미에 대한 깊은 통찰을 얻었고, '의미치료'라는 심리 치료법을 개발했다. 이는 인생에서 우선순위를 설정한 뒤 삶의 의미를 찾는 데 집중함으로써, 어려움에 직면하더라도 희망을 갖고 살아갈 수 있도록 돕는 치료법이다.

현대사회는 정보 홍수라고 할 만큼 방대한 양의 정보가 쏟아지는 시대다. 삶의 우선순위가 없다면 삶 자체가 통째로 정보의 홍수에 휩쓸려가고 만다.

해야 할 일이 많다고 해서 모든 일을 해치우며 살 필요는 없다. 그중에는 하지 않아도 되는 일도 있고, 시간이 지나면 해야 할 의미 자체가 사라지는 일들도 있다. 하고 싶은 일만 하고, 중요한 일만 하며 살아도 짧은 인생이니, 삶이 바쁠수록 우선순위를 정해야 한다. 그래야 시간을 효율적으로 관리할 수 있고, 집중력도 높일 수 있다.

가치 있는 삶이란, 목표가 명확하고 그 일을 즐기며 살아가는 삶이다. 삶의 우선순위를 정해놓고 살아가다 보면, 인생에서 가장 소중한 것이 무엇인지 저절로 깨닫게 된다.

가족, 친구, 경력, 성공,
건강, 자유, 사랑, 평화 등등에 대해
곰곰이 생각해보며,
나에게 중요한 가치가
무엇인지 찾는다.


관계, 활동, 물건까지 포함해서
나의 삶에 필요한 것과
불필요한 것을 분류한다.


우선순위를 정하되,
예상치 못한 상황에 대비해서
플랜B를 미리 짜놓는다.

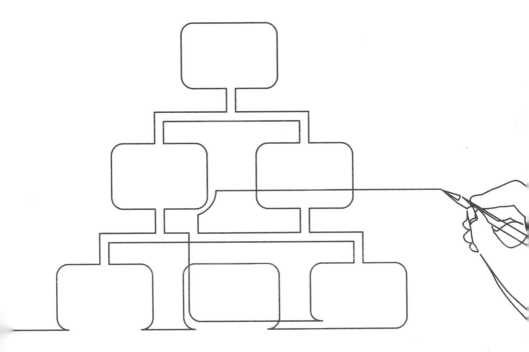

# 나는 예술을 사랑한다

나는 예술과 얼마나 밀접한 삶을 살아가고 있는가?
경제적 활동에 치중한 나머지
예술과는 동떨어진 삶을 살고 있지는 않는가?

     인류는 구석기 시대부터 다양한 예술 형태를 통해 생각, 감정, 경험 등을 표현했다. 그 옛날, 예술은 주로 사냥이나 종교 의식 및 사회적 결속 등을 위한 목적으로 사용되었으리라고 추정하고 있다.

    예술의 발달 정도는 특정 문명의 문화적·기술적·경제적 발전 수준을 보여주는 지표가 되기도 한다. 피라미드나 사원, 조각품 등을 통해서 고대 이집트 사회에서는 예술이 종교적·정치적·사회적으로 중요한 부분을 차지했음을 짐작할 수 있다. 르네상스 시대에는 레오나르도 다빈치, 미켈란젤로, 라파엘로 등 위대한 예술가들의 아름다운 예술 작품을 통해서 인간 중심주의 사상과 인문주의 정신이 성행했음을 엿볼 수 있다. 현대 예술은 전통적인 예술 형식뿐만 아니라, 새로운 기술과 매체를 활용한 다양한 형태로 표현된다. 사회 문제를 비판하기도 하고, 새로운 가치관을 제시하기도 한다.

    또한 예술 작품은 다양한 철학적 주제를 다루고 있어서, 삶의 의미나 목적에 대해서 생각해볼 기회를 제공한다. 또한 예술은 아름다움을 경험하고, 미적 감각을 발달시키는 데도 도움을 준다. 멋진 예술 작품을 감상하는 것만으로도 삶의 질을 높일 수 있다.

　우리는 예술을 통해서 문화와 역사를 이해하고, 다양한 문화적 가치와 관점을 경험할 수 있다. 이와 더불어 예술은 기존의 사고방식에 도전하고, 새로운 가능성을 제시하여, 두뇌에 신선한 자극을 준다.

> "사람들에 대한 호기심을 줄이고, 아이디어에 대한 호기심을 더 가지십시오."
>
> _마리 퀴리

　방사능 연구로 노벨상을 두 번이나 수상한 마리 퀴리는 그림 그리기, 음악 감상, 독서 등을 즐겼다. 예술은 그녀에게 영감을 주었고, 그녀의 창의력을 촉진하였다.

　가치 있고 풍요로운 삶을 살고 싶다면 예술을 사랑하라. 예술 활동은 스트레스 호르몬인 코르티솔의 수치는 낮추고 엔도르핀과 같은 행복 호르몬의 분비를 촉진해서, 심리적 안정감을 준다.

---

**예술을 사랑하기 위한 3가지 행동 지침**

• 그림 그리기, 글쓰기, 음악 연주, 춤 등 좋아하는 창작 활동에 도전한다.
• 박물관이나 미술관 등을 방문하여 다양한 예술 작품을 직접 감상한다.
• 지역 문화 센터 혹은 온라인 플랫폼에서 제공하는 예술 관련 강좌나 워크숍에 참여한다.

# 나는 가족을 사랑한다

나는 가족을 사랑하는가?
홀로 서는 나이가 됐다고 해서 혹은 가족을 위해서 일을 한다는 핑계로
가족들과 소통 없는 날들을 보내고 있지는 않는가?

아리스토텔레스는 가족은 사회를 구성하는 기본 단위라고 생각했다. 플라톤은 가족 구성원 간의 사랑과 존중, 협력이 이상적인 사회를 만드는 데 필수적이라며, 가족을 이상적인 사회의 축소판이라고 생각했다.

가족은 개인의 삶에 가장 큰 영향을 미치는 사회적 관계 중 하나이다. 가정은 사회 규범과 가치를 배울 수 있는 첫 번째 장소이다. 가족을 통해서 존재의 의미, 책임, 사랑, 희생, 공동체 정신 등을 배우기도 한다.

긍정적인 가족 관계 속에서 자란 아이는 전두엽, 편도체, 해마 등 감정과 학습, 기억과 관련된 영역이 활성화된다. 반면 부정적인 가족 관계 속에서 자란 아이는 코르티솔의 과다한 분비로 뇌의 발달이 지연되고 불안장애, 우울증, 공격성 등의 정신 건강 문제를 야기할 수 있다.

안정된 가족 관계는 정서적 안정감을 주고, 자아 정체성을 형성할 수 있도록 도움을 주고, 타인과의 관계 형성 능력을 향상시키고, 사회적 지지와 자원을 제공해서 사회에서의 성공 가능성을 높여준다. 가족과 스킨십을 나누거나 따뜻한 대화를 나누다 보면, 세로토닌이나

옥시토신과 같은 신경전달물질이 분비되어 행복감이 증가하고 삶의 만족도도 높아진다.

'가족'을 떼어놓고서 가치 있는 삶을 논할 수는 없다. 가족과의 유대는 자아 정체성 형성은 물론이고, 삶의 만족감과도 깊은 관계에 있다.

**"행복한 가정은 미리 누리는 천국이다."**

_로버트 브라우닝

젊었을 때는 밖으로 떠돌던 사람도 어느 정도 나이를 먹으면 집으로 돌아온다. 철이 들면 행복은 밖에 있지 않고 가정 안에 있음을 자연스럽게 깨닫는 것이다.

행복은 내 마음속에 있고, 가족이라는 원 안에 숨겨져 있다. 가족을 사랑하라. 그것이 나의 인생을 깊이 사랑하고 가치 있는 인생을 살아가는 비결이다.

---

가족을 사랑하기 위한 3가지 행동 지침

- 식사, 산책, 게임 등 가족과 함께하는 시간을 확보한다.
- 가족 구성원이 좋아하는 관심사에 관심을 갖고, 함께 놀이를 하거나 대화를 나눈다.
- 가족과 함께 프로젝트를 수행하거나, 여행을 하며 특별한 추억을 쌓는다.

# 나에게는 인생을 함께할 친구가 있다

나는 어떤 친구인가?
친구가 잘되면 진심으로 축하해주고,
어려울 때는 선뜻 손을 내밀어주는 좋은 친구인가?

세상을 살아가는 데 아무런 부족함이 없다고 하더라도, 친구 하나 없이 혼자 살아갈 수는 없는 법이다.

좋은 친구는 정서적 안정감을 주고, 소속감을 준다. 친구와의 대화는 표현 능력과 감정 조절 능력을 키워준다. 또한 친구로부터 받는 긍정적 평가와 지지는 자존감을 높여준다.

절친한 친구와 함께 세월을 보내다 보면 공동체 의식이 싹트고, 삶의 의미와 목적을 찾는 데 도움이 된다. 친구와의 우정은 신뢰와 사랑의 호르몬인 옥시토신의 분비를 촉진시키고, 삶의 만족도를 올려준다.

칸트는 우정을 인간성의 중요한 요소로 여겼다. 그는 저서 《도덕의 형이상학》에서 우정을 실용적 가치와 윤리적 가치라는 2가지 측면에서 평가했다. 실용적 가치는 서로에게 도움을 주고 지지할 때 빛을 발하며, 윤리적 가치는 서로를 존중하고 도덕적 책임을 다할 때 빛을 발한다는 것이다. 진정한 우정은 2가지 가치를 모두 갖추는 것이라고 주장했다. 한편 몽테뉴는 우정을 삶의 가장 중요한 가치 중 하나로 여기면서도, 진정한 우정은 신뢰와 존중을 기반으로 하며, 서로의 결점을 받아들이는 것이라고 주장했다.

> "인생으로부터 우정을 없앤다는 것은 세상으로부터 태양을 없애는 것과 같다."
>
> _요한 볼프강 폰 괴테

괴테 역시 우정을 중시 여겼다. 그는 우정을 통해 인간적 애정과 지지, 공동의 목표와 가치, 영적 성장과 발전을 경험할 수 있다고 주장했다. 괴테는 예술가·작가·철학가·정치인 등 다양한 분야의 사람들과 우정을 쌓으며, 서로의 생각과 감정을 나누고 영감을 주고받았다.

친구가 베풀어주었으면 하는 것을 내가 먼저 베풀라는 말이 있듯이, 좋은 친구를 사귀고 싶다면 내가 먼저 좋은 친구가 되어야 한다. 가치 있는 삶이란 좋은 친구들과 함께 걸어가는 삶이다. 진정한 친구와 함께 가는 길이라면 그곳이 꽃밭이든 진흙탕이든 어찌 즐겁지 아니하겠는가.

---

### 좋은 친구가 되기 위한 3가지 행동 지침

- 관심을 갖고 친구의 이야기를 경청하며, 생각과 감정을 이해하려고 노력한다.
- 약속을 소중히 여기며, 믿고 신뢰할 수 있는 말과 행동을 한다.
- 친구의 단점을 발견하고 비난하기보다는 장점을 발견해서 칭찬하고 격려한다.

# 나는 혼자 있어도 아름다운 사람이다

나는 혼자 있는 시간을 어떻게 보내는가?
외로움을 잊기 위해 휴대전화에 머리를 처박고 있거나, 게임을 하거나,
텔레비전 앞에서 소중한 시간을 낭비하고 있지는 않는가?

시대의 변화로 업무 시간이 단축되고, 사회구조의 변화로 가족 체제가 바뀌면서, 현대인의 혼자 있는 시간은 점점 늘어나는 추세이다.

현대인의 뇌는 주변 환경으로부터 끊임없는 자극을 받는다. 혼자 있게 되면 자극으로부터 해방되어 '디폴트 모드 네트워크'가 활성화된다. 비로소 자신의 생각과 감정에 집중할 수 있는 환경이 조성되는 것이다.

혼자 있는 시간을 제대로 활용하면 집중력·학습 능력·기억력 등 다양한 인지 기능이 향상되고, 새로운 아이디어를 창출하고 문제 해결 능력을 키우는 창의성이 증진된다.

또한 혼자 있는 시간에는 자기 성찰을 할 수 있다. 자기 성찰은 나의 감정과 생각을 돌아봄으로써, 내가 했던 말과 행동을 이해하고 개선할 수 있는 자기 발전의 기회이다. 자기 성찰은 심리적 안정감을 가져와서 가치관과 목표를 명확히 세울 수 있다.

철학가들은 혼자 있는 시간을 단순히 외로움을 달래는 시간이 아

닌, 창의적인 사고를 위한 소중한 기회로 여겼다. 혼자 있는 시간에 대해서 소크라테스는 자기 성찰의 시간, 칸트는 자신의 이성을 통해 도덕적 결정을 내리는 자율성을 실현할 수 있는 시간, 니체는 사회적 규범과 가치관에서 벗어나 자신을 탐구하고 초인으로 성장할 기회의 시간, 하이데거는 존재의 의미를 탐구하는 시간, 사르트르는 자신의 선택과 결과를 성찰하는 시간이라고 여겼다.

> "인간은 혼자 있을 때만 진정한 자기 자신이 될 수 있다. 그리고 고독을 사랑하지 않는다면 자유도 사랑하지 않는 것이다. 왜냐하면 인간이 진정으로 자유로울 수 있는 상황은 혼자 있을 때뿐이기 때문이다."
>
> _아르투어 쇼펜하우어

독일의 철학가 쇼펜하우어는 혼자 있는 시간의 가치를 그 무엇보다도 소중하게 생각했다. 그는 인생의 대부분을 혼자 보내며 독서와 사색에 몰두했다. 그는 혼자 있는 시간을 개인의 성장, 지적 계발, 내적 평화 그리고 진정한 행복을 위한 필수 요소로 보았다. 그에게 고독은 단순히 외로움이 아니라, 자아를 발견하고 창의적 사유를 즐길 수 있는 귀중한 시간이었다.

세상에는 타인의 불빛에 의지해서 살아가는 사람, 스스로 빛을 발하는 사람이 있다. 혼자 있으면 주인 잃은 개처럼 안절부절못하는 사람은 전자이고, 혼자 있는 시간을 즐기며 하고 싶은 것들을 묵묵히 하는 사람은 후자이다.

  가치 있는 삶을 살려면 함께 있을 때는 물론이고, 혼자 있을 때도 아름다운 사람이 되어야 한다.

혼자 있어도 아름다운 사람이 되기 위한 3가지 행동 지침

• 혼자 있는 시간을 어떻게 보낼지에 대한 목표와 계획을 수립한다.
• 집중력을 높이기 위해 조용한 장소를 선정하고, 휴대전화와 같은 전자기기는 멀리한다.
• 적절하게 시간 배분을 해서 창의적 활동과 운동을 병행한다.

# 나는 현재, 이 순간에 충실하다

나는 현재, 이 순간을 충실하게 살고 있는가?
과거에 대한 후회와 미래에 대한 불안감 때문에
현재, 지금 이 순간을 소홀히 보내고 있지는 않는가?

티베트 불교의 영적 지도자인 달라이 라마는 "현재의 순간만이 유일한 현실이다"라고 말했다. 과거나 미래는 이미 지나갔거나 아직 오지 않은 환상이니, 현재의 순간만이 존재한다는 것이다.

인간의 뇌에는 과거, 현재, 미래가 뒤섞여 있다. 늘 해왔던 반복적 업무를 볼 때는 경험을 떠올리기 때문에 과거가 차지하는 비율이 상대적으로 높아지고, 디자인이나 연구 개발과 같은 창의적 업무를 할 때는 현재와 미래의 비율이 높아진다.

과거에 대한 후회나 미래에 대한 불안에 사로잡히면서 현재, 이 순간에 집중하는 비율이 낮아지면 스트레스가 발생한다. 인지 기능 저하로 업무 효율성마저 낮아진다. 현재가 차지하는 비율을 높여야만 기억력이 향상되고, 새로운 아이디어가 떠오르고, 문제 해결 능력이 높아진다. 업무를 볼 때뿐만 아니라 휴식을 취할 때도 현재의 순간에 집중해야 감사, 기쁨, 행복과 같은 긍정적 감정을 느낄 수 있다.

'마음챙김 명상'도 뇌의 이런 특성을 반영한 것으로, 과거나 미래로 달아나기 쉬운 정신을 현재, 이 순간으로 불러오는 데서부터 시작한다. 생각·감정·감각을 판단하지 않고 관찰하는 데 집중함으로써 정신 건강을 증진하며, 삶의 질을 높이는 데 목적이 있다.

> "인생은 현재의 연속이다. 살아야 할 때는 지금밖에 없다. 인생이란 마음속으로 그리는 미래의 삶을 사는 것이 아니다. 현재를 삶으로써 진정한 미래의 삶을 살 수 있다."
>
> _랄프 왈도 에머슨

미국의 철학가이자 문학가인 에머슨은 현재, 이 순간에 충실함이 삶의 의미를 찾는 방법이라고 확신했다. 현재의 순간에 집중하고, 현재의 삶을 즐길 때 진정한 행복을 얻을 수 있다는 것이다.

인간의 삶 속에는 과거, 현재, 미래가 있지만 가치를 매긴다면 현재가 가장 높다. 현재는 인생이라는 이름의 지갑 속에 든 현찰이지만 과거는 이미 사용해버린 돈이고, 미래는 부도 위험 높은 약속어음이기 때문이다.

가치 있는 삶을 살기 위해서는 현재 이 순간에 충실해야 한다. 현재 이 순간이야말로 우리의 심장이 뛰는 '진정한 삶'이 아니겠는가.

---

**현재의 순간에 충실하기 위한 3가지 행동 지침**

- 멀티 태스킹은 피하고, 한 가지 행동에 집중한다.
- 일정한 시간을 정해놓고, 잠깐이라도 '마음챙김 명상'을 한다.
- 자연 속을 산책하며 주변의 소리, 냄새, 풍경 등에 집중한다.

# 나는 권리와 의무를 다 한다

나는 권리와 의무를 다 하는 삶을 살고 있는가?
권리는 최대한 누리면서 그에 따른 의무는
회피하며 살고 있지는 않는가?

인간은 공동체 의식을 가지고 살아가는 사회적 동물이다. 공동체 규범에는 구성원으로서 누릴 수 있는 권리와 공동체 발전에 기여할 의무가 함께한다. 고대 그리스의 민주주의 시대와 르네상스 시대의 시민사회는 직접 정치 참여, 자유로운 경제 활동, 다양한 문화 활동 등을 통해 개인의 권리와 의무가 조화롭게 발전하면서 정치·경제·문화 전반에 걸쳐 화려하게 꽃을 피웠다.

권리만 누리고 의무를 다하지 않을 때 사회는 부패하고 몰락한다. 로마 제국의 지도자들은 권력을 남용하고 개인의 이익 추구에만 매몰함으로써, 결국 제국의 붕괴를 초래했다.

긍정 심리학의 창시자인 마틴 셀리그먼은 인간의 행복과 삶의 만족도를 높이기 위해서는 권리와 의무를 다하는 삶을 살아야 한다며 이렇게 주장했다.

"인간이라면 자신의 삶을 주도적으로 이끌어갈 권리, 감정과 생각을 표현할 권리, 강점과 잠재력을 발휘할 권리, 긍정적인 관계를 형성하고 유지할 권리, 행복하고 만족스러운 삶을 살아갈 권리를 누려야 한다. 또한 자신의 행동에 대한 의무, 삶을 개선하기 위해 노력해야 할 의무, 선한 영향력을 퍼뜨려야 할 의무, 공동체 발전에 기여해야 할 의무, 더 나은 세상을 만들어야 할 의무를 다해야 한다."

"개인의 자유는 사회적 유익과 균형을 이루어야 한다."

_존 스튜어트 밀

영국의 철학가이자 경제학자인 존 스튜어트 밀은 "개인은 자신의 의견을 표현하고 삶의 방향을 선택하고 행복을 추구할 권리가 있지만, 다른 사람에게 해를 끼치지 않는 한도 내에서 자유를 누려야 한다"고 주장했다.

가치 있는 삶을 살기 위해서는 권리와 의무가 평행을 이루어야 한다. 먹기 좋은 떡이라고 해서 계속 먹기만 하면 체하듯이, 지나치게 한쪽으로 치우치는 삶을 살아간다면 언젠가는 반드시 후회하게 된다.

권리와 의무에 충실하기 위한 3가지 행동 지침

• 헌법·법률·규범 등을 통해 개인의 권리와 구성원으로서의 의무를 명확히 이해한다.
• 맡은 일이나 역할에 책임감을 갖고, 성실하게 임한다.
• 권리를 침해당했을 때는 침묵하지 말고, 정당하게 자기주장을 한다.

# 나는 감사하는 삶을 산다

나는 항상 감사하는 마음으로 살고 있는가?
은연중 나의 성공과 내가 누리는 모든 것은 오로지
나의 땀과 노력만으로 이루었다고 생각하고 있지는 않는가?

인간은 상호의존적 존재이다. 협력과 공동체 의식은 인간 사회를 조성하기 위한 반석과도 같다. 서로에게 감사하는 마음을 표현하는 것은 신뢰와 협력을 강화하고, 안정되고 조화로운 공동체를 만드는 데 필수 요소이다.

고대 로마 시대에는 '그라티아(grátĭa)'라는 개념을 중요한 가치로 여겼다. 단순히 감사를 느끼는 것뿐만 아니라, 타인에게 감사하는 마음을 표현하고, 은혜를 베풀고, 긍정적이며 매력적인 태도를 유지하는 것을 포함하는 포괄적 개념이다. 로마인들은 그라티아를 통해서 사회적 유대를 강화했다.

'그라티아'는 현재 '그라시아(Gratia)'로 변형되어 스페인어, 포르투갈어, 이탈리아어 등 다양한 로망스어(라틴어, 로마제국어)에 채택되었다. 각 언어마다 발음과 표기에 다소 차이가 있지만, 의미는 비슷하게 유지되고 있다.

캘리포니아대학교의 로버트 에몬스 연구팀은 감사가 건강과 행복 그리고 관계에 미치는 영향에 대해서 1980년대부터 연구해왔다. 연구 참가자들은 감사 일기를 쓰거나, 직접 방문하여 감사하는 마음을 전하거나, 감사 편지를 쓰는 등의 활동을 수행했다. 그 결과 감사하는 삶을 살면 행복감과 삶의 만족도가 높아지고, 면역 체계가 개선되고, 대인 관계에서 긍정적이며 건설적인 태도를 유지하고, 수면의 질이 높아지고, 스트레스가 감소한다는 사실을 발견하였다.

감사하는 삶을 살게 되면 자신의 존재를 긍정적으로 평가하게 되고, 삶의 가치를 재발견하게 된다.

"감사하는 마음은 풍요로움을 가져다준다."

_마하트마 간디

비폭력 저항운동을 통해 인도의 독립을 이끌었던 간디는 감사하는 마음이 만족과 행복의 핵심이라고 믿었다. 그는 매일 아침 감사기도를 올렸고, 다른 사람들에게도 감사하는 마음을 가질 것을 권했다.

감사는 자신이 소유한 것들의 소중함을 깨닫고, 그 가치를 음미하는 데서 오는 감정이다. 진정한 행복은 물질적 풍요가 아닌 감사하는 마음에서부터 비롯된다. 가치 있는 삶을 살기 위해서는 감사하는 마음을 가져야 한다.

비록 최악의 상황에 놓이더라도 감사하는 마음만 잃지 않는다면 다시 일어서는 것은 그리 어렵지 않다. 감사하는 마음속에는 희망과 용기 그리고 가치 있는 삶을 살겠다는 다짐이 깃들어 있기 때문이다.

감사하는 삶을 살기 위한 3가지 행동 지침

건강, 가족, 친구, 직업, 자연 등
다양한 분야에서 감사한 일들을 찾아
감사 리스트를 작성한다.


아침에 눈을 뜨면
감사한 일들을 생각해보고,
감사하는 마음으로 하루를 시작한다.


감사한 일들이 있으면
작은 일일지라도 감사의 표현을 하고,
감사의 마음을 전한다.

# 나는 자연과 공존하는 삶을 추구한다

나는 자연과 조화로운 삶을
살기 위해 노력하고 있는가?

인간은 자연과 깊은 상호의존 관계를 맺고 있다. 철근콘크리트 기술의 발달로 고층건물을 짓기 시작한 것은 산업혁명 이후요 도심에 콘크리트 빌딩 숲이 들어선 것은 1960년대부터이니, 인류는 자연과 함께 진화해왔다고 해도 과언이 아니다.

인간은 오랜 세월 자연과 공존하며 상호의존적 관계를 형성해왔다. 이러한 관계는 인간에게 편안함과 행복을 가져다준다. 자연은 인간에게 아름다움과 평화, 위안을 선사하며 깊은 사색과 성찰을 가능하게 한다. 예술가, 작가, 과학자, 철학가뿐만 아니라 정치가, 사업가, 의사, 법학자 등도 자연에서 위안과 함께 수많은 영감을 얻었다.

자연과 공존하는 삶은 인간이 자연의 일부임을 인지하고, 이를 바탕으로 균형 잡힌 생활 방식을 추구함을 의미한다. 자연 속에서 시간을 보내면 우울증 및 불안 증상이 완화되며, 자연이 풍부한 환경에 사는 사람이 그렇지 않은 사람보다 스트레스도 덜 받고, 자연친화적인 삶을 사는 사람들이 그렇지 않은 사람보다 더 행복하고 만족스러운 삶을 산다는 연구 결과도 있다.

"자연은 단순히 환경이 아니다. 그것은 우리 존재의 토대이며, 우리
가 세상과 어떻게 관계를 맺는지에 대한 근본적인 틀을 제공한다."

_마르틴 하이데거

현대 철학의 거장인 독일의 하이데거는 인간을 세상 속에 '던져져
태어나', 세상과 함께 '존재하는 존재(Dasein, 현존재)'라고 정의했다.
인간은 단순히 사물을 관찰하는 존재가 아니라, 세상과 상호작용하며
자신의 존재에 의미를 부여하고 변화시켜나가는 존재라는 것이다.

하이데거는 기술 발전이 자연의 본질적 가치를 훼손할 수 있다고
주장하며, 자연과의 관계를 회복해야 한다고 강조했다. 그에 대한 방
법으로 기술에 대한 비판적 인식 갖기, 자연에 대한 존중과 경건한 마
음 갖기, 자연이 주는 교훈 배우기, 자연 속에서 시간 보내기, 자연이
주는 아름다움과 신비에 감사하기 등을 제안했다.

자연은 만물의 어머니이자 인간의 어머니이다. 울적하거나 고민이
많거나 삶이 버겁게 느껴진다면 자연의 품에 안겨라. 자연은 기분을
달래주고, 고민에 귀 기울여주고, 다시 살아갈 용기를 준다.

우리는 자연을 아끼고 사랑해야 한다. 자연과 조화를 이루는 삶은
인간의 존재 의미와 문명의 지속 가능성 그리고 도덕적 책임을 포함
한 가치 있는 삶이다.

자연과 조화를 이루는 삶을 위한 3가지 행동 지침

미래 세대를 위해
친환경 제품을 쓰며,
자연보호 활동에 동참한다.


일정 시간을 산책, 하이킹, 등산 등을 하며
자연의 소리를 듣고, 풍경을 감상하고,
흐름을 느낀다.


자연의 아름다움을
문학, 음악, 미술, 무용 등
다양한 방식으로 표현하고 공유한다.

# 나는 봉사와 나눔을 실천한다

나는 봉사와 나눔을 실천하고 있는가?
삶의 많은 부분이 아직은 채워지지 않았다는 이유로
봉사와 나눔을 계속 미루며 살아가고 있지는 않는가?


사회적 동물인 인간에게 봉사와 나눔은 필수 불가결한 요소이다. 봉사와 나눔은 사회적 유대감을 강화하고 생존을 보장하며, 공동체의 결속을 높인다. 봉사와 나눔은 인간의 도덕적·윤리적 성장을 촉진할 뿐만 아니라 개인의 행복과 삶의 만족도를 높인다.

최근 뇌과학자들의 연구에 따르면 자원봉사 활동은 뇌의 핵심 피질인 전두엽, 측두엽 등을 활성화하고 도파민, 엔돌핀, 옥시토신과 같은 신경전달물질의 분비를 촉진해 기분을 좋게 하고 행복감을 높인다고 한다.

이 밖에도 자원봉사가 개인의 정신적·신체적 건강에 긍정적 영향을 미친다거나 비자원봉사자들에 비해서 낮은 수준의 우울증과 높은 수준의 삶의 만족도를 나타낸다는 연구 결과는 수없이 많다.

"나눔은 자기 자신에게 주는 가장 좋은 선물이다."

_벤저민 프랭클린

벤저민 프랭클린은 미국 독립의 아버지이며 과학자, 작가, 정치인, 외교관, 사업가 등 다양한 분야에서 뛰어난 업적을 남겼다. 그 공로를 인정받아 100달러 지폐에 초상화가 실린 그는 봉사와 나눔을 앞장서서 실천한 인물이기도 하다. 그는 빈곤층 구제기금, 미국 최초의 도서관인 필라델피아 도서관, 펜실베이니아대학교의 전신인 아카데미 오브 필라델피아를 설립했다. 그는 어떤 분야에서든 뛰어난 재능을 가진 사람은 자신의 재능을 다른 사람들을 돕는 데 사용해야 한다고 생각했으며, 소중한 것은 물질적 재산이 아니라 지식·시간·재능·사랑 등을 나누는 것이라는 신념을 갖고 있었다.

가치 있는 삶은 봉사와 나눔을 실천하는 데 있다. 봉사와 나눔은 내가 준 것보다 내가 받는 것이 훨씬 더 크다. 이 세상에 내가 준 것보다 10배, 100배로 돌려받을 수 있는 것이 과연 얼마나 있겠는가.

---

봉사와 나눔을 실천하는 삶을 살기 위한 3가지 행동 지침

- 나에게 불필요한 물건이나 사람들이 필요로 하는 것들을 봉사 단체나 빈곤층에게 기부한다.
- 재능이나 지식을 다른 사람과 공유한다.
- 지역사회나 비영리 단체에서 자원봉사자로 참여한다.

# CHAPTER 3

# 나는 반드시 성공한다

한 가지를 선택하라.
그 생각을 당신의 삶으로 만들어라.
그걸 생각하고, 꿈꾸고, 그에 기반해서 살아가라.
당신의 몸의 모든 부분, 뇌, 근육, 신경을 그 생각으로 가득 채우고
다른 생각은 다 내버려둬라.
이것이 성공하는 방법이다.

_스와미 비베카난다

# 나에게는 구체적이고
# 명확한 목표가 있다

나는 성공에 대한 구체적이고 명확한 목표를 가지고 있는가?
대다수 사람이 막연한 성공을 꿈꾸고 있을 때
꿈을 향해 한 치의 망설임도 없이 한 걸음씩 다가서고 있는가?

목표를 이루려면 표적이 분명해야 한다. '나도 성공하고 싶다'처럼 막연한 목표보다는 '3년 안에 연매출 10억 원 달성하기'와 같이 구체적이고 측정 가능한 목표를 설정해야 한다.

인류는 원시시대부터 목표를 설정해왔다. 사냥하기 전에 머리를 맞대고 어떤 동물을 어떻게 사냥할지 구체적인 계획을 짰고, 이러한 목표 설정은 사냥의 성공 가능성을 높였다.

목표를 구체적으로 설정하면 고차원적 인지 기능을 수행하는 전두엽의 브로드만 영역 46이 활성화되면서 집중력이 높아진다. 또한, 목표를 시각화하면 뇌는 이를 현실과 비슷하게 처리하여 실제 행동에 긍정적인 영향을 미친다.

뇌는 상상과 현실을 제대로 구분하지 못한다. 명확한 목표를 설정하고 이미지트레이닝을 하면 운동에서도 효과를 볼 수 있다. 운동 경험이 없는 사람들을 대상으로 3주 동안 매일 30분씩 축구 이미지 트레이닝을 했더니, 실제로 운동을 했을 때와 비슷하게 전두엽 후방에 위치한 운동피질의 활성도가 크게 증가했다는 연구 결과도 있다.

목표가 구체적이고 명확할수록 자기 효능감이 높아진다. 뚜렷한 목표는 행동의 방향성을 찾아내서 구체적인 계획을 세우고, 목표를 방해하는 요소를 사전에 제거해나가는 한편, 목표 달성을 위해 지속적인 노력을 기울일 수 있도록 동기를 부여한다.

심리학자 에드윈 A. 로크의 '목표 설정 이론'은 '개인이 의식적으로 설정한 목표가 동기와 행동에 영향을 미친다'는 이론이다. 목표가 명확해야 달성 가능성이 높고, 적절한 목표여야 동기부여가 높아지며, 측정이 가능해야 진행 상황을 파악하고 평가하기가 쉽다는 것이다.

> "대부분의 사람이 목표를 이루지 못하는 이유는, 목표를 정의하지 않거나 단 한 번도 진지하게 그 목표가 믿을 수 있는 것 또는 이룰 수 있는 것이라고 생각해보지 않기 때문이다. 승리하는 사람들은 자신이 어디로 가고 있는지, 그 과정에서 어떤 일을 할 계획인지, 그 모험을 누구와 함께할 것인지 알고 있다."
>
> _데니스 웨이틀리

명확한 목표를 가진 사람들은 자신의 시간, 돈, 노력 등을 집중 투자해서 그 꿈을 이룬다.

'모든 사람이 행복하고 즐거운 시간을 보낼 수 있는 곳을 만들겠다'는 목표를 세웠던 월트 디즈니는 디즈니랜드를 건설했고, '모든 사람들이 컴퓨터를 사용하도록 하겠다'는 목표를 세웠던 빌 게이츠는 개인용 컴퓨터를 개발했다.

성공하고 싶다면 구체적이고 명확한 목표를 설정하라. 자기 스스로 목표에서 눈을 떼지만 않는다면 자신의 뇌와 잠재력이 성공의 길로 안내하리라.

---

**구체적이고 명확한 목표 설정을 위한 3가지 행동 지침**

- SMART(Specific구체적, Measurable측정 가능, Achievable달성 가능, Relevant관련성, Time-bound시간제한)한 목표를 설정한다.
- 목표를 달성하기 위한 구체적인 계획을 세운다.
- 목표를 시각화하고 숫자화한다.

# 나는 일을 즐기며 열정적으로 살고 있다

나는 일을 즐기며 열정적인 삶을 살고 있는가?
목구멍이 포도청이라 마지못해 출근해서, 지긋지긋한
업무 시간이 끝나기만을 목이 빠지게 기다리며 살고 있지는 않는가?

자신의 일에서 즐거움을 발견하고 열정적으로 일하는 사람은 어디에서든 환영받는다. 이들은 주위 사람들에게 긍정적인 영향을 미침과 동시에 더 많은 협력과 자원을 이끌어낸다. 개인적으로는 성공을 거두고, 사회와 문화를 발전시킨다.

실리콘 밸리가 세계적 기술 혁신의 중심지가 된 데는 즐거움과 열정으로 가득 찬 사람들이 공동의 목표인 성공 네트워크를 형성하고 있기 때문이다. 일을 게임처럼 즐기는 태도와 열정적 에너지는 서로에게 자극을 주고, 긍정적인 영향을 끼친다. 일을 즐기며 열정적으로 일하면 도파민의 분비가 증가해 집중력과 학습 능력이 향상되고, 창의력이 증진된다.

에드워드 L. 데시와 리처드 라이언의 '자기 결정성 이론'에 의하면 스스로 선택하고 결정할 수 있는 자율성은 내적 동기를 부여하는 요소이다. 타인이 시켰을 때보다 자율적으로 하면 내적 동기가 부여되어, 삶의 만족도는 물론이고 행복감이 증가한다.

각종 연구에 따르면 자신의 일을 즐기는 사람이 그렇지 않은 사람보다 직업 만족도도 높고, 장기적으로 더 높은 성과를 내는 경향이 있다고 한다.

일을 즐기다 보면 긍정적인 감정이 싹트고, 일에 대한 열정이 생긴다. 열정은 긍정적 마인드와 맞물려 성공을 위한 행동을 강화하고, 성공에 필요한 좋은 습관을 점차 늘려간다.

스포츠 선수를 예로 든다면 자발적으로 운동을 즐길 경우, 긍정적 감정이 훈련 동기를 강화하여 더 많은 시간과 노력을 투자하게 된다. 결국 좋은 훈련 습관이 늘어나면서 더 나은 성과로 이어진다.

"성공하고 싶다면 이것만 기억하라.
당신이 하고 있는 일을 알고, 즐기고, 그것에 확신을 가져라."

_윌 로저스

여기 쟁쟁한 인물들이 있다. 제너럴모터스 CEO 대니얼 애커슨, 애플 CEO 티모시 팀 쿡, 월트 디즈니 회장 로버트 아이거, 스타벅스 회장 하워드 슐츠다. 이들의 공통점은 바로 남들이 잠들어 있는 새벽에 기상해서 열정적으로 하루를 살아간다는 점이다.

성공하고 싶다면 일을 즐기며 열정을 불살라야 한다. 이미 성공한 CEO들도 여전히 그러한데, 시작하는 사람의 입장에서는 지극히 당연하지 않겠는가.

일을 즐기며 열정적인 삶을 위한 3가지 행동 지침

무슨 일을 할 때
가장 행복한지 스스로에게 질문해본 뒤
열정을 불사를 일을 찾는다.


목표를 달성했을 때는
적절한 보상을 통해서
동기를 부여한다.


새로운 것을 배우고 개발함으로써
자신의 역량을 향상시킨다.

# 나는 끈기와 인내력을 갖고 있다

나는 그 어떤 고난에도 포기하지 않는 끈기와 인내력을 갖고 있는가?
작은 시련조차도 자신의 능력 밖이라 여기고 포기하거나,
일이 계획대로 흘러가지 않으면 운명으로 받아들이고는
순순히 물러서지는 않는가?

     인간은 진화 과정에서 수많은 어려움을 겪으면서도 포기하지 않고 끊임없이 적응에 성공했다. 포기하지 않는 정신과 인내력은 일종의 생존본능인데, 인간의 유전자 속에는 이러한 것들이 내재되어 있다.

     역사에 남을 만큼 위대한 업적을 남긴 사람들은 물론이고, 나름 한 분야에서 사회적 성공을 이룬 사람들은 끈기와 인내력을 발휘했다. 인류 역사 또한 전쟁, 빈곤, 질병 등과 같은 숱한 어려움에 직면했지만 꾸준하게 전진해왔다.

     목표 달성과 자아실현을 위해서는 끈기와 인내력은 반드시 갖춰야 한다. 그러기 위해서는 실패를 두려워하지 않고, 실패로부터 배우고 성장하려는 자세가 필요하다. 또한 어려움에 직면했을 때에도 희망을 갖고 낙관적인 태도를 유지해야 한다. 긍정심리학자들의 연구에 따르면, 이러한 자세와 태도가 성공 확률을 높임과 동시에 삶의 만족도를 높인다고 한다.

     베스트셀러가 되어서 널리 알려진 앤절라 더크워스의 《그릿》은 IQ

나 재능보다는 지속적 노력과 인내가 성공하는 데 더 중요한 요소임을 역설하고 있다.

끈기와 인내력을 기르기 위해서는 단기 쾌락보다 장기 목표에 초점을 맞춰야 한다. 꾸준하게 자기 관리를 하면서 단기 결과에 연연해하지 말고, 장기 목표 달성을 위해서 한결같은 자세로 전진해야 한다.

> "나는 항상 새로운 것을 시도하고, 새로운 도전을 두려워하지 않는다. 좌절을 두려워하지 않고, 끊임없이 노력하는 것이 중요하다고 생각한다."
>
> _제임스 다이슨

다이슨이 무거운 무게, 번거로운 전선, 흡입력 저하 등의 문제점을 지닌 유선 청소기가 불만족스러워, 새로운 진공청소기를 개발해야겠다고 마음먹은 건 1970년대 초반이었다. 그는 아이디어를 현실화하는 과정에서 수많은 시행착오를 겪었고, 마침내 1993년 5,127번째 시제품을 통해 만족스러운 성능을 가진 무선 청소기 개발에 성공했다. 이 제품은 DC01이라는 이름으로 출시되어 무선 청소기 시장의 선두 주자로 부상했으며, 다이슨이 세계적인 가전제품 회사로 성장하는 발판이 되었다.

우리는 모두 성공 유전자를 지니고 있다. 성공은 자질보다는 의지에 달려 있다. 지금까지는 타인의 성공을 지켜봤다면 이제부터는 의지력을 발휘해서 스스로 성공을 거둘 차례이다.

포기하지 않는 불굴의 정신과 인내력을 기르기 위한 3가지 행동 지침

명확하고 달성 가능한
SMART한 목표를 설정한다.

작은 성공 경험을 쌓고,
자기 보상을 통해서 목표 달성을 위한
동기를 부여한다.

루틴을 만들어서
규칙적인 일과를 유지하고,
일관된 습관을 형성한다.

# 나에게는 훌륭한 멘토가 있다

멘토는 성공하는 데 반드시 필요한 존재일까?

사람마다 생각이 다르겠지만 반드시는 아닐지라도 유용한 존재인 것만은 확실하다.

멘토는 단순히 지식과 기술을 전달하는 역할을 넘어서, 영감을 주고, 격려하며, 성장 과정에서 겪는 어려움을 극복하도록 도와준다. 성공하기까지 걸리는 시간을 단축해주고, 성공 확률을 높여준다.

내가 성공하고자 하는 분야에서 성공을 거둔 사람이 멘토라면 더할 나위 없지만 분야가 다르더라도 상관없다. 멘토는 때론 자기 주도적으로 살아갈 수 있도록 삶의 의미와 방향을 제시하기도 한다.

대표적인 인물이 아리스토텔레스이다. 그는 알렉산더 대왕의 멘토로서 철학과 과학을 가르쳤다. 그의 가르침은 알렉산더 대왕의 전략적 사고의 폭을 넓혀주었고, 그 통치 이념에도 큰 영향을 미쳤다.

멘토와의 상호작용은 새로운 지식과 기술을 배움으로써 뇌의 신경망을 형성하고 학습 효과를 높이는 데 효과적이다. 뉴런 간의 연결을 강화하고, 기억력을 향상시킨다. 또한 멘토로부터 긍정적인 피드백이나 격려를 받으면 자신감과 함께 자기 효능감도 높아져서, 성공을 향한 내적 동기가 부여된다. 멘토는 개인의 역량을 강화해서 경쟁력을 높여줄 뿐만 아니라, 인적 네트워크를 확장해서 사회적 성공을 돕는다.

> "멘토는 길을 보여주는 사람이 아니라, 함께 걸어가는 동반자이다."
>
> _앨빈 토플러

세상에는 멘토 없이 혼자 힘으로 일어나서 성공한 사람도 적지 않다. 그러나 훌륭한 멘토를 만난다면 사회적 성공을 앞당길 수 있을뿐더러, 인생에서 정말로 중요한 것들을 배울 수 있다.

멘토를 만들기 위한 3가지 행동 지침

- 나에게 멘토가 필요한 이유를 찾고, 멘토를 통해서 달성하고 싶은 목표를 설정한다.
- 나의 가치관과 목표가 일치하는 멘토를 찾는다.
- 적극적으로 멘토에게 연락해서 만남을 갖고, 점차 신뢰를 쌓아나간다.

# 나는 생각을 실천하는 사람이다

나는 생각만 하는 사람인가,
생각을 실천하는 사람인가?

변화는 우리가 사는 세계의 근간을 이룬다. 그 누구도 세월을 피해갈 수 없고, 변화와 무관한 삶을 살아갈 수 없다.

인간이라는 종이 변화에 잘 적응해서 생존할 수 있던 비결은 새로운 생각의 실천이다. 현재 상황이 나쁘지 않더라도, 새로운 생각을 실천하지 않는 사람은 도태될 수밖에 없다. 더 나은 삶을 원하거나 성공하고 싶다면, 새로운 생각의 실천은 필수 과정이다.

원시 인류는 새로운 도구를 만들고 사냥 기술을 발전시키며 생존 가능성을 높였다. 현대 기업도 마찬가지다. 끊임없이 새로운 아이디어를 물색하고, 실행 가능한 사업 계획을 수립하고, 시장에 새로운 제품이나 서비스를 출시함으로써 기업의 지속성장 가능성을 높인다.

그렇다면 뇌에서는 어떤 일들이 벌어질까?

새로운 아이디어가 떠오르면 실행 가능성에 대한 평가가 제일 먼저 이루어진다. 감각 정보 처리와 언어 이해를 담당하는 측두엽, 기억 형성과 회상을 담당하는 해마로부터 수신된 정보를 토대로 전두엽에서 최종 결정을 내린다. 선상체, 돌출성피질, 전두전각피질에서는 목표를 이루기 위한 동기를 부여하고, 성공 가능성이 높은 아이디어의 선택을 돕는다. 신체적 감각 정보를 처리하는 체성감각피질에서는 아이디어 실행 과정에서 발생하는 감각 정보를 모니터링하고, 필요에 따라 행동을 조절한다. 공간인지와 주의력을 담당하는 후두엽에서는 아이디어 실행 과정을 주의 깊게 관찰하고, 주변 환경 변화에 따라 적절하게 대응한다.

아이디어를 실행하는 결정 과정에서 뇌파는 특정 패턴의 변화를 보인다. 휴식이나 명상 상태에서 증가하는 알파파는 아이디어 실행에 집중할 때 감소하는 반면, 사고력과 문제 해결 능력·정보 처리·의사 결정 등을 담당하는 베타파는 증가한다. 긍정적인 감정을 불러오고 동기를 부여하는 도파민과 세로토닌과 같은 신경전달물질의 분비도 증가해서 아이디어 실행을 돕는다.

즉, 인체는 새로운 아이디어를 실행하기로 결정하면 그 실행을 적극적으로 돕도록 진화해왔다. 구체적이고 명확한 목표를 설정하고, 스스로 포기하지만 않는다면 반드시 이룰 수 있다.

"당신이 할 수 있다고 믿는 것만큼 할 수 있습니다. 당신이 할 수 없다고 믿는 것만큼 할 수 없습니다."

_프리드리히 니체

성공하고 싶다면 좋은 결과가 있으리라는 기대감을 갖고, 새로운 생각을 실천해야 한다. 포기도, 망설임도, 실천도 일종의 습관이다. 처음에는 두려움이 크겠지만 목표를 향해서 크고 작은 일들을 실천해나가다 보면, 멀게만 느껴졌던 상상이 마침내 현실이 된다.

## 생각을 실천하기 위한 3가지 행동 지침

- SMART한 목표를 설정한다.
- 계획에 필요한 자원과 시간을 파악한 뒤, 구체적인 계획을 세운다.
- 목표 달성에 필요한 사람들과 협력한다.

# 나는 리더십이 있다

나는 리더십이 있는가?
다른 사람 앞에 나서기를 꺼려하는 성격이라서
아예 리더십을 포기한 채 살아가고 있지는 않는가?

협력을 바탕으로 성장해온 인류에게 리더십은 생존과 번영을 위해 필수적으로 갖춰야 할 덕목이었다. 초기 사회의 리더는 힘이나 군사적 능력을 중시 여겼지만, 현대 사회에서는 지식, 전문성, 뛰어난 의사소통 능력 등을 중시 여긴다.

스스로 리더십이 부족하다고 판단되면 권위 있는 기관에서 주최하는 리더십 프로그램 이수도 고려해볼 필요가 있다. 하버드 비즈니스 스쿨에서 조사한 '리더십 훈련 프로그램의 효과에 대한 실증 분석'에 의하면 프로그램을 이수한 경영자들의 리더십 능력은 평균 20% 향상되었고, 직원들의 참여도는 15% 향상되었고, 팀 생산성은 평균 10% 증가했다.

다양한 문화권 리더들의 리더십 특성을 비교 연구한 결과가 있다. 뛰어난 리더는 비전을 제시하고, 사람들에게 영감을 주고, 동기를 부여하며, 탁월한 의사소통 능력으로 팀원 간의 협력을 이끌어내는 능력을 가지고 있는 것으로 나타났다.

리더는 정의롭고, 공정하며, 책임감 있게 행동해야 한다. 현대경영학의 아버지라 불리는 피터 드러커는 리더십이란 '타인에게 성과를 내도록 하는 기술'이라고 정의했다.

> "리더는 사람들이 자신의 최고 능력을 발휘할 수 있도록 환경을 조성하고, 그들을 이끌어 목표를 달성하도록 합니다."
>
> _피터 드러커

〈하버드 비즈니스 리뷰〉에 실린 연구 결과에 따르면 성공적인 기업의 공통된 특징 중 하나는 강력한 리더십이다.

근래 리더의 중요 덕목 중 하나로 떠오르고 있는 것이 감성지능(자신과 타인의 감정을 인식하고 이해하며, 이를 효과적으로 관리하고 활용하는 능력)이다. 〈하버드 비즈니스 리뷰〉에 실린 '리더의 감성 지능과 조직성과의 관계' 연구 결과에 따르면 감성 지능이 높은 리더는 구성원의 감정을 이해하고, 스트레스를 관리하며, 긍정적인 조직 문화를 조성해서 직원 만족도를 높이고, 생산성을 향상시키는 것으로 나타났다.

리더십은 학습하면 발전시킬 수 있는 능력이다. 성공하기 위해서는 다양한 리더십 프로그램을 통해 리더십을 높일 필요가 있다.

**리더십 개발을 위한 3가지 행동 지침**

- 자신의 강점과 약점을 명확히 파악하고, 지속적으로 자기 성찰을 통해 개선해나간다.
- 항상 낙관적이고 긍정적인 사고를 유지한다.
- 자신의 행동과 결정에 책임감을 가지고, 조직의 성과에 대한 책임을 진다.

# 나는 내 분야에서 전문가이다

나는 내 분야에서만큼은 전문가라고 자부할 수 있는가?

     사회 공동체에서 전문성은 사회적 지위나 명예와 연결되어 있다. 전문가는 존경받고, 리더 역할을 맡기도 한다.

경쟁이 심화된 현대 사회에서 성공하기 위해서는 자신의 분야에서 깊은 지식과 기술을 갖춘 전문가가 되어야 한다.

안데르스 에릭슨의 '의도적 연습이론'에 따르면 전문가 수준의 능력을 습득하기 위해서는 1만 시간의 연습이 필요하다고 한다. 말콤 글래드웰이 《아웃라이어》에서 '1만 시간의 법칙'이라는 용어를 사용하여 대중에게 널리 알려진 이론이다.

1만 시간의 법칙은 단순한 반복이 아닌 명확한 목표 설정, 지속적인 피드백, 고도의 집중과 노력 그리고 점진적 도전을 통해 성과를 향상시킨다.

매일 3시간씩 훈련할 경우 약 10년, 하루 10시간씩 훈련할 경우 약 3년이 걸리는데 이렇게 꾸준하게 연습하면 뇌의 특정 영역에 신경 연결망이 형성된다. 이 신경 연결망은 정보 처리 속도를 높이고, 문제 해결 능력을 향상시키며, 창의적인 사고를 촉진한다.

전문가가 되면 자기 효능감이 커져 더 높은 목표를 설정할 수 있고, 어려움에 직면했을 때도 포기하지 않고 계속 노력할 수 있도록 동기를 부여하는 경향이 있다.

전문가가 회사를 경영하면 여러 이점이 있다. 특정 산업 분야에서 10년 이상의 경력가인 CEO와 그렇지 않은 CEO를 비교 분석한 연구 결과를 보면, 전자가 수익성과 성장률 등의 재무적 성과가 더 높았다. 또한 전략적 의사 결정, 혁신, 리더십 측면에서 더 뛰어난 능력을 보였으며, 직원의 사기 향상에 기여한 반면 조직 내 갈등은 감소했다.

CEO의 전문성은 여러모로 좋은 결과를 이끌어낼 수 있다. 정보적 이점으로 전략적 의사 결정을 내릴 수 있고, 신뢰성 향상으로 투자 유치가 용이하며, 새로운 기술과 트렌드를 파악하고 있어 혁신을 촉진할 수 있다. 또한 업무 과정의 문제를 잘 파악하고 있어서 명확한 목표를 설정하는 등 효과적인 리더십을 발휘할 수 있다.

"전문가란 거대한 오류에 휩쓸릴 때도 사소한 실수를 피하는 사람이다."

_벤저민 스톨버그

전문성을 통해 경쟁 우위를 확보할 수 있다면 성공하기 한층 수월해진다. 내 분야에서만이라도 전문가가 되려면, 새로운 이론과 지식으로 끊임없이 업그레이드해야 한다.

전문가가 되기 위한 3가지 행동 지침

책·논문·기사 등을 꼼꼼히 읽고,
전문가의 강연이나 세미나에 참석하여
핵심 개념과 기초 이론을
깊이 있게 이해한다.


일일 학습 시간을 정해서
관련 학술지·뉴스레터·블로그 등을
구독하고, 최신 연구 결과와 논쟁에 대해
공부한다.


전문가들과
인적 네트워킹을 구축해서,
지식과 경험을 공유한다.

# 나는 양질의 인적 네트워크를 형성하고 있다

나는 성공에 필요한 좋은 인맥을 갖고 있는가?

양질의 땅에서 농작물이 잘 자라듯이 성공하려면 인맥은 필수 요소이다. 인류는 서로 협력하고 도움을 주고받는 호혜적 관계 속에서 번성해왔다.

인류학자 피에르 부르디외는 사회적 자본이 경제적 자본 및 문화적 자본과 함께 개인의 사회적 지위를 결정짓는 중요한 요소라고 보았다. 그가 정의하는 '사회적 자본'이란 다른 사람들과의 지속적이고 상호 유익한 관계 네트워크를 뜻한다. 양질의 인적 네트워크를 갖고 있으면 정보·지식·자원·기회 등을 얻을 수 있으며, 지지와 협력을 통해 사회적 지위를 높이는 데 도움이 된다.

성공에 필요한 인적 네트워크는 어떤 형태가 바람직할까?

그에 대한 해답을 찾고 싶다면 혁신과 창업의 중심지로 널리 알려진 실리콘밸리를 들여다볼 필요가 있다. 실리콘밸리는 창업자·투자자·엔지니어 등 다양한 분야의 사람들이 정보와 자원, 기회를 공유하고 서로 협력하며 새로운 아이디어를 실현해서 성공을 거둔다.

인간은 서로가 서로에게 영향을 주고받는다. 주변 사람들이 목표를 달성하기 위해서 노력하는 모습을 보면 동기부여가 된다. 성공을 향해 달려가는 사람들과 어울리다 보면 긍정적인 태도와 행동을 배우고, 칭찬과 격려를 받다 보면 자존감이 높아져서 긍정적 결과를 낳기 위한 노력을 기울이게 된다.

미국의 사회학자 로널드 버트는 조직 내 네트워크의 중요성을 연구하며, 서로 연결되지 않은 두 그룹 사이에 위치한 개인 또는 조직을 '구조적 홀'로 정의하였다. '구조적 홀 이론'에 따르면, 구조적 홀이 많은 사람이 정보 접근성·새로운 기회·사회적 영향력 등의 이점으로 인해서 사회적 성공을 거두기가 용이하다고 한다.

> "서로에게 가치를 제공하는 관계만이 지속될 수 있다."
>
> _스티븐 코비

신뢰를 바탕으로 한 양질의 인맥 네트워크는, 배우고 성장하는 데 도움을 주며 기회의 문을 열어주어서 마침내 성공에 이르게 하는 안내자 역할을 한다.

양질의 인맥을 갖기 위한 3가지 행동 지침

• 서로가 이해하고, 신뢰하며, 상호 이익을 추구한다.
• 상대방이 필요로 하는 정보나 자원을 연결하거나 제공해준다.
• 나의 전문성과 가치를 상대방에게 명확하게 이해시킨다.

# 나는 명확하고 효과적인
# 의사소통 능력이 있다

나는 뛰어난 의사소통 능력을 갖추고 있는가?
상대방의 말을 오해하는 바람에 곤경에 처하거나
내 뜻이 제대로 전달되지 않아서 일이 틀어진 적은 없는가?

협력은 사회적 동물인 인간이 생존하는 데 일등공신이라고 할 수 있다. 협력을 가능하게 한 것은 바로 의사소통 능력이다. 초기 인류가 사냥이나 채집 등을 할 때 정확한 정보 교환은 생존에 지대한 영향을 미쳤다.

사회적 곤충인 벌은 페로몬·춤·소리·시각적 신호 등으로 의사소통을 하고, 개미는 페로몬·촉각·소리 등으로 의사소통을 한다. 반면 인간은 언어·몸짓·표정·눈빛·침묵 등으로 의사소통을 한다.

명확하고 효과적인 의사소통 능력은 논리적 사고와 표현 능력, 공감 능력 등을 바탕으로 한다. 원하는 것을 얻기 위해서는 자신의 주장을 논리적으로 제시할 수 있어야 하고, 상대방을 설득할 수 있어야 한다.

카네기멜론대학교의 연구원들은 5년 동안 1,000명 이상의 전문가들을 대상으로 명확하고 효과적인 의사소통이 경력이나 성공에 어떻게 기여하는지에 대한 연구를 진행하였다. 그 결과 협업 능력, 문제 해결 능력, 리더십 능력이 향상되어서 승진이나 급여 인상 등 다양한 측면에서 긍정적 영향을 미친다는 사실을 발견하였다.

명확한 지시와 효과적인 피드백은 뇌의 학습 능력과 기억 메커니즘을 최적화한다. 동기를 부여해서 자기 효능감을 높여주고, 갈등을 줄여주어 협력을 촉진한다.

"명확하고 간결하게 말하기란 쉽지 않습니다. 생각하는 것은 쉬운 일입니다. 그러나 명확하고 간결하게 말하기 위해서는 훈련과 노력이 필요합니다."

_윈스턴 처칠

명확하고 효과적인 의사소통 능력을 기르기 위해서는 생각을 정리해서 간결하게 말하는 것도 중요하지만, 그보다 먼저 상대방의 말을 적극적으로 경청해야 한다. 또한 적절한 비유나 표현을 선택해야 하고, 몸짓·표정·눈빛·목소리 높이에도 신경을 써야 한다.

내 입장만 관철하려다 보면 상대방의 의견이나 피드백을 놓치기 쉽다. 대화가 끝났을 때는 물론 대화 도중에도, 앞서 나눈 내용을 간략하게 요약해서 서로의 생각이나 입장을 확인해야 한다.

---

의사소통 능력을 기르기 위한 3가지 행동 지침

• 대화를 할 때는 적절한 눈 맞춤을 통해 신뢰와 관심을 표현한다.
• 스토리텔링을 활용해서 내가 원하는 메시지를 간결하고 정확하게 전달한다.
• 질문을 던져서 피드백에 대한 이해도를 높이고, 상대방이 원하는 것을 파악한다.

# 나는 기록하고 분석하는
# 습관을 갖고 있다

나는 기록하고 분석하는 습관을 갖고 있는가?
좋은 아이디어가 떠올랐으나 제때 기록하지 못해 놓쳐버리거나,
제때 분석하지 못해서 불필요한 손실을 감수한 적은 없는가?

기록은 인류의 진화와 문화 발달에 기여해왔다. 역사가들은 기록을 통해 과거의 사건, 인물, 사회, 문화 등을 연구하고 분석하여 현재를 이해하고 미래를 예측하는 데 도움을 주었다.

인간은 경험을 통해서 실패와 성공을 배우고, 다양한 분석을 통해서 더 나은 미래를 개척하기 위한 지혜를 얻는다. 특히 기록과 분석은 자기 성찰과 성장에 도움을 준다. 자신의 강점과 약점을 파악할 수 있고, 더 나은 사람이 되기 위한 노력을 기울일 수 있으며, 자신의 삶을 돌아봄으로써 삶의 의미를 찾을 수도 있다.

과학자들은 관찰, 기록, 분석, 추론, 검증을 통해서 자연 세계를 이해하고 새로운 지식을 발견한다. 이러한 과학적 방식은 체계적이고 논리적인 사고를 통해 진실에 다가가는 데 중요한 역할을 한다. 일상에서도 비판적 사고를 키우고, 문제 해결이나 의사 결정 등을 하는 데 활용할 수 있다.

기록과 분석의 장점 중 하나는 경험을 기억하고 강화하는 데 도움된다는 점이다. 기록하고 분석하는 과정에서 뇌는 해당 경험과 관련

된 신경 연결을 강화한다. 해마와 같은 특정 뇌 영역에서는 기록 및 분석 과정에서 신경줄기세포의 분화와 새로운 신경세포의 발생이 촉진된다. 이는 뇌의 신경 가소성을 높여서, 학습 능력과 기억력을 향상시킨다.

기록과 분석은 올바른 습관을 형성하고 유지하는 데 도움됨은 물론이고, 창의력 증진에도 효과적이다. 단순한 기록을 위해서는 노트북이나 컴퓨터가 효과적이지만 기록과 분석을 동시에 하려면 손 글씨가 효과적이다.

2016년 프린스턴대학교와 UCLA의 공동연구 결과에 따르면, 노트에다 손 글씨로 수업 내용을 작성한 학생들이 노트북에 직접 입력한 학생들보다 전반적으로 성적이 좋았다.

키보드를 두드려서 수업 내용을 작성하면 좀 더 많은 내용을 입력할 수 있어서 단기 기억력은 높다는 장점이 있다. 단점은 머릿속에서 빠르게 지워져서 일주일이 지나면 대부분의 기억이 날아가버린다는 것이다. 반면 손 글씨로 작성하면 들은 내용의 3분의 1정도밖에 기록할 수 없지만 기록과 동시에 분석이 이루어져서 중장기 기억력이 높다는 이점이 있다.

기록이 들은 내용을 충실히 담아내는 역할이라면 분석은 '나의 생각'이라는 체를 통과함으로써 이루어지는 재해석이다. 단순한 기록은 사실 큰 의미는 없다. 분석을 거쳐야만 비로소 나의 지식이 된다.

"기록은 과거의 목소리이며, 미래의 가이드이다."

_시세로

기록은 과거의 목소리임이 분명하다. 그러나 미래의 가이드가 되기 위해서는 분석이라는 과정을 반드시 거쳐야 한다. 기록과 분석은 바늘과 실처럼 하나가 되었을 때 그 진가를 발휘할 수 있다.

기록하고 분석하는 습관을 갖기 위한 3가지 행동 지침

- 노트나 일기를 활용해서 매일 일정 시간에 하루 동안의 활동, 성과, 생각 등을 정리한다.
- 기록한 내용은 주간·월간·분기별 검토를 통해서 진행 상황을 파악하고, 개선점을 찾는다.
- 성과뿐만 아니라 실패도 기록해서, 실패 원인을 분석하고 새로운 방향을 모색한다.

# 나는 유연한 사고를 지니고 있다

나는 유연한 생각을 갖고 있는가?
나만이 옳다는 프레임에 갇혀서 멋대로 세상을 해석하며
독불장군처럼 살아가고 있지는 않는가?

성공을 위해서는 열린 마음과 유연한 사고방식이 필수이다. 하지만 의외로 많은 사람이 경직된 사고를 지니고 있다. 끊임없이 변화하는 현대 사회에서, 새로운 환경에 적응하고 예상치 못한 어려움을 극복하기 위해서는 유연한 사고를 지녀야 한다.

환경이 바뀌면 상황도 바뀌게 마련이다. 생각 또한 마찬가지다. 오늘 옳다고 생각하는 것이 미래에도 옳다고 단정 지을 수는 없다. 지식도 다르지 않다. 특정한 분야의 지식이 일정한 시간이 흐르면 더 이상 유효하지 않게 된다는, '지식 반감기'라는 이론도 이미 나오지 않았는가. 급변하는 세상에서 성공을 거두려면 새로운 지식과 새로운 생각으로 끊임없이 업데이트해야 한다.

변화와 진보를 가능하게 하는 것은 유연한 사고이다. 르네상스 시대도 중세의 고정된 사고방식에서 벗어나 인간 중심의 사고를 받아들이며 시작되었고, 미국 독립 혁명이나 프랑스 혁명도 새로운 사회 질서를 구축하려는 유연한 사고에서 비롯되었다.

심리학에서는 유연한 사고를 '인지적 유연성'이라는 개념으로 설명한다. 즉, 인지적 유연성은 새로운 정보를 받아들이고 기존의 사고 패턴을 변경하는 능력이다.

1996년 스탠퍼드대학교 비즈니스 스쿨의 테레사 아마빌레 교수팀은 '인지 유연성과 창의적 문제 해결'이라는 제목으로, 다양한 분야의 전문가 280명을 대상으로 설문 조사와 실험을 병행한 연구 결과를 발표하였다. 결과를 보자면, 유연한 사고 능력이 높은 참가자가 창의적인 문제 해결 능력에서 성과가 높았고, 더 많은 아이디어를 제시했으며, 독창적인 해결책을 찾아냈다. 또한 변화하는 상황에서 더 잘 적응했고, 새로운 도전에 적극적으로 참여했다.

세상은 시시각각 변하고 있다. 유연한 사고를 지녀야 편견에서 벗어나서 새로운 기술을 받아들이고, 새로운 아이디어를 찾아내서 혁신할 수 있다.

> "변화를 두려워하지 말고, 오히려 그것을 품어라. 변화는 성장의 기회이며, 새로운 가능성을 열어준다."
>
> _제프 베이조스

세계 굴지의 기업인 아마존은 1994년 온라인 서점 아마존닷컴에서 출발했다. 1997년 상장하였지만 여기서 멈추지 않고 음악, 비디오, DVD 등 다양한 제품 판매를 시작하며 온라인 쇼핑몰로 확장하는 한편 해외 시장에 진출하였다. 베이조스는 변화하는 시장 환경에 유연하게 대응하며 아마존의 몸집을 키웠다. 그는 온라인 쇼핑뿐만 아니라 클라우드 컴퓨팅, 인공지능 등 다양한 분야에서 혁신적 사업 전략을 구사하며 경쟁 우위를 확보하였고, 아마존을 세계적 기업으로 성장시켰다.

불확실성이 높아지는 현대 사회에서 성공하기 위해서는 끊임없이 배우고 성장해야 한다. 이때 변화에 적응할 수 있는 유연한 사고는 필수다. 유연한 사고는 우리가 예상치 못한 어려움을 극복하고, 새로운 기회를 포착해서, 목표를 달성할 수 있도록 도움을 준다.

유연한 사고력을 기르기 위한 3가지 행동 지침

• 문제나 상황을 다양한 관점에서 바라보고 분석한다.
• 복잡한 문제를 단순화하여 핵심 요소를 파악하는 문제 해결 능력을 키운다.
• 새로운 기술이나 지식을 받아들여서 변화하는 환경에 적응한다.

# 나는 다양성을 존중한다

나는 생각과 의견, 국적이나 피부 등이 나와 다른 사람을 존중하는가?
나와 비슷하지 않다는 이유로 의식적이든 무의식적이든
배척하고 있지는 않는가?

인류 역사에서 중요한 발전은 다양한 사람의 협력과 혁신을 통해 이루어졌다. 로마제국이 번영할 수 있었던 이유도 다양한 민족과 문화를 포용하고, 그들의 기술과 지식을 거부감 없이 받아들였기 때문이다.

다국적 기업인 구글은 다양한 배경의 직원들을 고용하여, 혁신적 제품과 서비스를 개발해왔다. 최근 그들은 '다양성 보고서'를 발표했는데, 다양한 배경의 사람들이 모여 일할 때 나타나는 시너지 효과를 데이터와 사례를 통해 명확하게 보여주고 있다. 이 보고서는 다양성이 성과를 높이는 이유에 대해서 문제 해결 능력 향상, 의사 결정의 질 향상, 직원 만족도 증가를 들었다.

다양성 존중은 단순한 도덕적 가치가 아니라, 글로벌 시대에 성공을 위한 필수 요소이다. 다양성을 존중하면 다양한 네트워크를 구축할 수 있어서 더 많은 정보와 자원을 얻을 수 있고, 신선한 아이디어와 해결책을 도출할 수 있어서 경쟁력 높은 성과를 이끌어낼 수 있다.

심리학자들은 IQ(지능지수), EQ(감성지수)와 함께 SQ(사회성 지수)

를 두뇌 측정의 중요한 지수로 보고 있다.

'사회적 뇌 가설'은 인간의 뇌는 사회적 관계와 협력을 통해 더 나은 문제 해결 능력을 발휘하면서 진화했다는 이론이다. 다양한 사회적 관계 속에서 타인의 감정을 공감하고 이해하는 미러 뉴런 시스템이 발달했고, 사회적 행동 조절에 필요한 전두엽의 진화에 따라 사회적 지능이 발달했다는 것이다.

뇌 과학자들은 기능적자기공명영상(fMRI) 연구를 통해서, 고정관념이 뇌의 특정 부위를 활성화하고 이성적인 판단을 방해한다는 사실을 밝혀냈다.

**"견고한 힘은 유사성에 있는 것이 아니라 다름에 있다."**

_스티븐 코비

다양성을 존중하는 환경은 소속감·창의성·신뢰도를 높이고 스트레스를 줄여 궁극적으로 조직의 생산성을 향상시킨다. 작은 그릇에 많은 물을 담을 수 없듯이, 좁은 시야로는 다양한 생각을 담아낼 수 없다. 사회적으로 성공하고 싶다면 다양성을 존중하는 습관과 태도를 지녀야 한다.

다양성을 존중하기 위한 3가지 행동 지침

내가 의식적이거나 무의적으로 지닌
편견을 인식하고 인정한다.


다양한 배경을 가진 사람들의 의견과
경험을 경청하고 존중한다.

다양한 사람으로 구성된 팀을 꾸리고,
다양성을 존중하는 조직 문화를 만든다.

# 나는 나의 한계를 한정하지 않는다

나는 한계를 뛰어넘는 사람인가?
아니면 한계를 정해놓고, 성공 가능성이 낮다고 판단하면
아예 시도조차 해보지도 않는 사람인가?

인류는 역사의 중요한 순간마다 그 한계를 넘어서 새로운 도전에 대응해왔다. 불의 발견과 활용, 농업혁명, 산업혁명, 과학혁명, 정보혁명, 우주탐험 등과 같은 일련의 사건들은 인간이 한계를 정해 놓았다면 일어나지 않았을 일들이다.

성공이란 자신의 한계를 인정하고 그 안에 머물러 있는 것이 아니라, 끊임없이 배우고 성장하며 자신의 한계를 뛰어넘어 새로운 도전을 시도하는 것이다. 프리드리히 니체는 자유로운 사고와 무한한 가능성이 더 나은 미래를 만들 수 있다고 믿었다. 그는 기존의 도덕과 가치관에 얽매이지 않고, 자유롭고 창의적인 삶을 살아가는 새로운 인간 유형으로 '초인'이라는 개념을 제시하였다. 초인의 특징 중 하나는 '자신의 삶을 극대화하고 자신의 잠재력을 발휘하기 위해 노력한다'는 것이다.

잠재력을 발휘하기 위해서는 '성장 마인드셋', 즉 '성장할 수 있다는 믿음'이 전제되어야 한다.

스탠퍼드대학교의 심리학자 캐럴 드웩과 동료들은 미국 전역의 초

등학생과 중학생을 대상으로 성장 마인드셋이 학업 성취도에 미치는 영향을 연구했다. 학생들이 자신의 지능과 능력이 노력과 학습을 통해 발전할 수 있다고 믿을 때, 학업 성취도가 어떻게 향상되는지에 대한 연구이다.

일단 학생들을 성장 마인드셋 교육을 받는 그룹과 그렇지 않은 그룹으로 나누었다. 그런 다음 학생들에게 지능은 고정된 것이 아니라 노력과 학습을 통해 발전할 수 있다는 개념을 가르쳤다. 일정 기간 동안 학생들의 학업 성취도를 추적 조사한 결과 마인드셋 교육을 받은 그룹의 성적이 향상되었는데, 특히 수학과 과학에서의 향상이 두드러졌다. 또한 실험 기간 동안 높은 수준의 학습 동기를 유지하였고, 학습 태도가 변화하였으며, 교사들과 긍정적인 피드백을 주고받는 등 수업에 적극적으로 참여하는 모습을 보였다.

조지아대학교에서는 학부생 120명을 대상으로 '창의적 문제 해결에 있어서 성장 마인드셋의 역할'에 대해 연구했다. 그 결과를 보면 성장 마인드셋을 가진 학생들은 새로운 아이디어를 더 많이 생각해내고, 더 독창적이고 유용한 해결책을 제시했으며, 문제 해결 과정에서 더 끈기 있게 노력하는 경향을 보였다.

"한계는 다른 사람이 설정한 것이 아니라 우리 마음이 설정한 것이다. 우리가 할 수 있는 것보다 더 많은 것을 할 수 있다고 믿을 때, 우리는 진정으로 뛰어난 일을 할 수 있다."

_웨인 그레츠키

인간의 뇌는 끊임없이 새로운 정보를 받아들이고 그에 따라 조금씩 변화한다. 꾸준하게 공부하거나, 운동하거나, 기술을 익히다 보면 새로운 신경세포가 생성되기도 하고 세포 간 연결이 강화되기도 하면서 자연스럽게 뇌의 지도가 재구성된다.

즉, 인간은 놀라운 잠재력을 지니고 있다. 성장 마인드에 대한 믿음을 갖고 끊임없이 배우다 보면, 자신의 한계를 뛰어넘을 수 있다.

산골짜기의 개울물도 흐르고 흐르다 보면 바다에 닿는다. 성공하고 싶다면 나의 한계를 스스로 한정하지 마라.

**성장 마인드셋을 지니기 위한 3가지 행동 지침**

- 지금까지 해보지 않았던 새로운 일에 도전해본다.
- 실수를 두려워하지 않으며, 성장의 과정으로 받아들인다.
- 긍정적인 자기 대화를 통해서 성장 마인드셋을 유지한다.

# 나는 도움을 주고받는 데 능숙하다

나는 주변의 도움 없이 내 힘만으로도 성공할 수 있다고 자신하는가?
아니면 필요할 때는 언제든지 도움을 요청할 수 있고,
또한 도움을 요청하는 사람에게는 서슴없이 다가가 도움을 주는가?

협력은 성공에서 무척 중요한 요소다. 인류는 협력과 상호 의존성을 통해 생존하고 번성해왔다. 시대가 바뀌면서 노동의 종류나 노동의 질도 바뀌었지만 뇌에서 처리하는 기본 방식에는 변함이 없다.

뇌에서는 도움을 주고받는 행위 자체를 긍정적으로 받아들이고, 그에 대한 보상으로 쾌락을 느끼게 하는 도파민을 분비한다. 처음에는 어색해도 일단 긍정의 순환 고리가 형성되면, 도움을 주고받는 행위 자체에 능숙해진다.

2019년 하버드 비즈니스 스쿨에서는 '협력적 학습이 MBA 학생의 학업 성취도와 만족도에 미치는 영향'에 대한 연구를 수행하였다. 협력적 학습 그룹과 개별적 학습 그룹으로 나눈 뒤 학업 성취도와 학업 만족도를 조사한 결과, 협력적 학습 그룹 학생들의 시험 성적이 평균 15% 높았고, 만족도는 20% 높았다.

목표를 달성하기 위해 서로 도움을 주고받으면, 실제로도 도움이 되는 것은 물론 동기부여가 되어서 목표를 달성하기 한결 수월해진다. 도움을 받으면 감사의 마음과 함께 스스로 문제를 해결하려는 노력과 끈기를 키울 수 있고, 도움을 주면 자신이 가치 있고 유능하다는 느낌을 받아서 자존감이 향상된다. 이처럼 협력은 정보비대칭을 해소하고, 거래를 용이하게 하며, 경제적 효율성을 높이는 데 도움이 된다.

구글을 비롯한 굴지의 기업에서는 개인의 성과를 평가하는 데서 '360도 피드백' 시스템을 활용하고 있다. 이는 직원·관리자·팀원·고객 등 다양한 주체로부터 피드백을 수집하고 분석하여, 개인의 성장과 발전을 촉진하는 포괄적인 성과 평가 시스템이다. 이 시스템은 개인의 강점과 약점을 파악하여 개선 방향을 설정하는 데는 물론이고, 팀원 간의 소통과 협업을 증진하고 팀워크를 향상하는 데 활용된다.

> "성공은 혼자 이루는 것이 아니다. 우리 주변 사람들의 도움과 지지가 있어야 가능하다."
>
> _빌 게이츠

성공하고 싶다면 도움을 주는 것은 물론, 거절에도 익숙해져야 한다. 그것은 당신에 대한 거절이 아니고 상황에 대한 거절이기 때문에 조금도 기분 나빠 할 이유가 없다.

---

도움을 주고받는 데 익숙해지기 위한 3가지 행동 지침

• 도와줄 수 있는 능력이 된다면 자발적으로 도움을 준다.
• 도움이 필요할 때는 주변 사람에게 구체적으로 도움을 요청한다.
• 도움을 줄 때는 격려를, 도움을 받을 때는 감사의 뜻을 전한다.

# 나는 매력적인 사람이다

나는 이미지 메이킹을 할 줄 아는가?
아니면 세상 사람들이 나를 어떻게 생각하든 신경 쓰지 않고,
내 멋에 취해서 사는가?

원시시대부터 매력적인 사람은 타인과 유대감을 쉽게 형성하고, 좀 더 쉽게 협력을 얻어내서 원하는 것을 이끌어낼 수 있었다.

시대가 바뀌면 '매력의 기준'도 바뀐다. 원시시대에는 강인한 체력과 생존 능력, 고대사회에는 사회적 지위와 권력, 중세사회에는 종교적 신앙심과 덕성, 근대사회에는 지식과 재능, 현대사회에는 성격이나 개성 등이 매력의 척도가 되었다.

자신이 매력적이라고 생각되는 사람을 발견하면 뇌에서는 다양한 신경전달물질이 분비된다. 도파민이 분비되어 더 많은 시간을 함께하고 싶고, 옥시토신이 분비되어 친밀감과 애착을 형성하며, 세로토닌이 분비되어 행복감을 느낀다.

심리적으로는 매력적인 사람에게 더 긍정적이고 호의적인 판단을 내리는 '인지적 편향'에 빠진다. 매력적인 사람이 자신에게 호감을 느낄 가능성이 높다고 생각하는 확률적 편향에 빠지고, 후광효과로 인해서 그 사람이 더 지적이고 친절하고 재능 있고 성공 가능성이 높다는 판단을 내리게 된다.

2018년 〈사회심리학저널〉에 실린 옥스퍼드대학교 사회심리학 팀에서 수행한 '매력과 사회적 성공'에 관한 연구에 따르면 매력적인 사람이 타인과 협력하고 유대감을 형성하는 데 더 능숙했으며, 사회적 지위·친구·인맥·소득 등 사회적 성공 지표에서 더 높은 점수를 받았다.

각종 연구에 따르면 매력적인 사람은 취업 면접에서 더 높은 점수를 받고, 더 높은 급여를 제시받으며, 심지어는 법정에서도 더 가벼운 판결을 받는다고 한다.

그렇다면 어떻게 해야 매력적인 사람이 될 수 있을까?

매력은 단순히 외모적 아름다움을 의미하는 것은 아니다. 내면의 아름다움, 성격, 능력, 자신감 등 다양한 요소가 모여서 매력을 발산한다.

"아름다움은 주관적인 개념입니다. 중요한 것은 당신이 자신을 아름답다고 느끼는 것입니다."

_디팩 초프라

이미지 메이킹을 잘하면 누구나 매력적인 사람이 될 수 있다. 자신감을 갖고 자신의 일에 최선을 다하며, 긍정적 마인드로 무장하고 긍정 에너지를 전파하며, 상대방에게 관심을 갖고 배려하며, 항상 미소를 짓고, 적절한 순간에 유머 감각을 발휘하며, 모임과 장소에 맞는 옷차림 등으로 외모를 관리한다면 매력적으로 비친다. 거기다가 대화의 기술과 칭찬의 기술까지 겸비하고 있다면 어느 자리에 가더라도 빛이 나게 마련이다.

매력적인 사람이 되기 위한 3가지 행동 지침

자신의 장점을 믿고
자신감 있는 태도와
긍정적인 마인드를 유지한다.


타인의 이야기에 귀 기울이고,
진심으로 공감하며,
이해하려고 노력한다.


상대방을 배려하면서
진정성 있게 행동한다.

# 나는 항상 배움에 목마르다

나는 성공을 위해서 끊임없이 새로운 공부를 하고 있는가?
학교 다닐 때 배웠던 낡은 지식으로 마치 전문가인 척
허세를 부리고 있지는 않는가?

끊임없는 학습은 인류 문명의 발전을 이끈 핵심 동력이다. 과거부터 현재까지, 인간은 새로운 기술과 지식을 습득하고 전달함으로써 문화를 발전시키고 번영을 이루어왔다.

실용주의 철학가 존 듀이는 경험과 학습을 통해 지식을 습득하고, 지속적으로 성장해야 한다고 주장했다. 급변하는 사회에서 새로운 지식과 기술을 습득하는 능력, 비판적 사고 능력, 문제 해결 능력은 목표 달성을 위해서 반드시 필요하다.

과학과 기술의 진보 속도는 날이 갈수록 빨라지고 있다. 경쟁력을 유지하고 지속적인 성장을 이루기 위해서는 평생 학습을 해야만 한다.

인간의 뇌는 신경 가소성이라는 특성을 지니고 있다. 과거에는 뇌가 고정적이고 변화할 수 없는 구조라고 생각했지만, 최근 연구를 통해 뇌는 경험과 학습에 따라 끊임없이 변화하고 새로운 신경망을 형성할 수 있다는 사실이 밝혀졌다. 새로운 것을 배우거나 반복적으로 행동하면 관련 신경세포 간의 연결이 강화되는 반면, 사용하지 않는 신경은 연결이 약화되다 결국 사라진다. 이는 신경전달물질의 분비량과 시냅스 구조의 변화로 인해서 일어나는 현상이다. 또한 뇌졸중이 나 외상성 뇌 손상을 입었더라도 신경 가소성 덕분에 신경이 이동하 여, 손상된 뇌 영역의 기능을 다른 뇌 영역이 대신 수행하기도 한다.

> **"모든 분야에서 성공하는 사람들은 끊임없이 배우고 성장한다. 그들은 결코 배움을 멈추지 않는다."**
>
> _아리아나 허핑턴

뇌는 사용할수록 발달한다. 매일 꾸준히 공부하는 습관을 기르면 성공에 필요한 지식을 차곡차곡 쌓을 수 있고, 문제 해결 능력 향상으로 성공에 대한 자신감을 얻을 수 있다. 또한 긍정 마인드가 강화되어서 성공에 대한 동기를 지속적으로 부여할 수 있다.

**평생 학습을 위한 3가지 행동 지침**

• 호기심을 갖고 주변을 관찰하고, 질문하고, 탐구한다.
• 온라인 강의·워크숍·책읽기·토론 등 다양한 학습 방법을 활용하여 지식을 쌓는다.
• 쉽게 복습할 수 있도록, 배운 내용을 체계적으로 기록하고 정리한다.

# 나는 상상력이 풍부하다

나는 풍부한 상상력을 지니고 있는가?

상상력이 뛰어난 사람은 자신이 원하는 것을 구체적으로 생각하여 현실에서 이루기 위해서 노력한다. 또한 동기부여를 해서 성공에 대한 자신감을 갖고, 난관에 부딪쳐도 다양한 관점에서 접근해 창의적인 해결책을 찾아낸다. 새로운 아이디어나 혁신도 상상력의 산물이며, 투자자들에게 신뢰를 주기 위해 설득할 때도 상상력이 필요하다.

인류는 상상력을 발휘해서 새로운 도구와 기술을 개발하며 꾸준히 삶의 질을 높여왔다. 또한 상상력을 통해서 서로의 생각과 감정을 이해하고 공감하며, 함께 문제를 해결하여 공동의 목표를 달성할 수 있었다.

실존주의 철학자 장 폴 사르트르는 인간은 본질적으로 자유로운 존재이며, 자신의 삶을 선택하고 누릴 수 있는 능력을 가졌다고 주장했다. 그는 상상력이 단순히 이미지를 만들어내는 능력을 넘어, 기존의 상황에 갇히지 않고 새로운 가능성을 상상하고 실현하는 데 중요한 역할을 한다고 보았다. 즉, 다른 삶을 살아간다는 상상력을 통해서 우리는 삶을 변화시킬 수 있으며, 상상력이 그 실현을 위해 구체적으로 행동하는 데 도움을 준다는 것이다.

상상력은 전측두엽, 후두엽, 측두엽과 밀접한 관련이 있다. 전측두엽의 브로카 영역은 언어적 상상력, 후두엽의 시각피질은 시각적 상상력, 측두엽의 청각피질은 청각적 상상력에 중요한 역할을 한다. 또한 해마는 과거의 경험과 기억을 제공하고, 변연계는 기억에 대한 감정적 의미와 동기를 부여한다. 이러한 상호작용을 통해서 인간은 생생하고 의미 있는 상상을 할 수 있다.

상상력과 창의력이 뛰어난 사람은 도파민 수치가 높고, 알파파가 우세할 때 상상력과 창의성이 더 높아지는 것으로 나타났다.

"모든 위대한 성취는 먼저 상상 속에서 시작됩니다."

_빈센트 반 고흐

인간이 가진 마법 같은 능력 중 하나는 상상을 현실화한다는 것이다. 《예언, 당신의 생각이 현실이 되는 마법》이 지닌 가치 중 하나는 당신의 상상력을 구체화하기 위한 밑거름이 되어서, 당신의 상상을 현실화해준다는 점이다.

성공하고 싶다면 상상력을 키워야 한다.

책 읽기·영화 감상·음악 감상·
그림 그리기·글쓰기 등
상상력을 자극하는
활동을 한다.


수동적으로
받아들이기보다는
스스로 생각해서 분석하는
습관을 기른다.


주변을 꼼꼼히 관찰하고,
아름다운 점이나
흥미로운 점을 찾는다.

# 나는 뛰어난 문제 해결 능력을 갖추고 있다

나는 난관에 부딪치면 문제를 해결하며 전진하는 사람인가,
그 앞에서 잠시 멈췄다가 되돌아서는 사람인가?

성공으로 가는 길목에는 수많은 난관이 기다리고 있다. 문제 해결 능력은 성공을 위한 핵심 역량이라고 할 수 있다.

초기 인류에게 주어진 환경은 가혹했다. 사냥이나 채취를 해서 음식을 확보해야 했고, 자연재해나 야생동물, 다른 부족의 침략 등 각종 위험으로부터 자신을 지켜야 했다. 문제를 하나씩 해결하다 보니 불을 이용할 수 있었고, 동굴의 장점을 이용해 극한의 환경에서 살아남을 수 있었고, 각종 토기와 무기를 제작할 수 있었다.

케냐 출신의 고고학자이자 인류학자인 리처드 리키의 연구에 의하면, 초기 인류가 정교하고 복잡한 돌로 된 도구를 제작하기 시작하면서 두뇌의 크기가 빠르게 증가했다고 한다. 즉, 문제를 해결하는 과정에서 두뇌 발달이 촉진되면서 두뇌의 크기가 증가했다는 것이다.

문제에 부딪치면 뇌는 어떻게 반응할까?

제일 먼저 계획·추론·의사 결정·집중력 등을 담당하는 뇌의 총사령관인 전두엽에서 문제의 본질을 파악하고, 시각적 정보 처리·공간적 인식·기억 등을 담당하는 후두엽에서 관련 정보를 수집한다. 그런 다음 전두엽과 함께 언어 처리·추론·의사소통 등을 담당하는 측두엽에서 다양한 아이디어를 생성해내고, 각 아이디어의 장단점을 평가한다.

두뇌의 용량이 커지고 문명이 진보하면서 인간의 문제 해결 능력은 다양한 분야에서 빛을 발했다. 각종 재해와의 전쟁을 승리로 이끌었고, 경제를 발전시켰으며, 새로운 발명을 통해서 삶의 질을 개선했고, 사회 문제를 해결해서 문명의 번성을 이끌어냈다.

문제는 크게 분류하면 논리적 문제와 창의적 문제로 나뉜다. 논리적 문제를 해결할 때는 추론 능력·분석 능력·집중력 등이 중요한 역할을 하고, 창의적 문제를 해결할 때는 상상력·유연한 사고·위험 감수 능력이 중요한 역할을 한다.

행동심리학자들의 연구 결과에 의하면 보상은 문제 해결에 대한 동기를 부여하고, 시간제한은 집중력을 높이는 한편 효율적인 문제 해결 방법을 찾도록 유도한다고 한다. 또한 협업은 다양한 관점을 제공해서 더 나은 해결책을 찾는 데 도움 된다는 것이다.

경영 컨설팅 회사 맥킨지 앤드 컴퍼니에서 문제 해결 능력이 업무 효율성과 생산성에 미치는 영향을 분석한 결과를 보자면, 문제 해결 능력이 뛰어난 직원은 그렇지 못한 직원보다 업무 효율성은 20% 높았고, 생산성은 30% 이상 높았다.

"고난은 우리를 꺾기 위해서 오는 것이 아니라, 우리를 일깨우고 강하게 만들기 위해 오는 것이다."

_벤저민 프랭클린

과학과 기술이 발달할수록 인간은 새로운 도전에 직면할 수밖에 없다. 급변하는 환경 속에서 성공하기 위해서는 뛰어난 문제 해결 능력을 지녀야 한다.

**문제 해결 능력을 기르기 위한 3가지 행동 지침**

- 문제를 다양한 관점에서 바라보고, 원인을 파악하고, 그로 인한 영향을 분석해서 문제의 본질을 정확히 파악한다.
- 관련 자료를 조사하고, 전문가들의 의견을 구하고, 데이터를 분석하는 등 문제 해결을 위한 다양한 정보를 수집한다.
- 비용과 시간, 효율성 등을 고려해서 여러 해결 방안을 비교 분석한다.

# 나는 함께 성공할 방법을 찾는다

나는 혼자만의 성공을 추구하는 사람인가,
아니면 동료나 주변 사람들과 함께 성공을 추구하는 사람인가?

함께 성공하는 방법을 찾으면 성공하기가 한결 수월하다. 지식과 경험을 공유할 수 있고, 다양한 관점을 확보할 수 있고, 힘을 합쳐서 난관을 극복할 수 있고, 사회적 네트워크를 확장할 수 있고, 긍정적 시너지 효과를 낼 수 있고, 지속 가능한 성공을 위한 토대를 마련할 수 있고, 즐겁게 일을 하며 목표를 향해 달려갈 수 있다.

미국의 사회학자이자 정치학자인 로버트 퍼트넘은 사회적 자본을 신뢰, 네트워크, 협력의 문화로 정의하였다. 그는 이탈리아의 여러 지역을 조사 대상으로 삼아 사회적 자본이 경제 발전과 사회적 문제 해결에 미치는 영향을 분석했다. 그 결과, 사회적 자본이 높은 지역은 경제 성장률과 소득수준이 더 높고 실업률은 더 낮음을 발견했다. 게다가 교육 수준, 건강 상태, 범죄율 등에서의 삶의 질 또한 높게 나타났다. 퍼트넘의 연구는 사회적 자본이 기업의 창업과 성장에도 긍정적 영향을 미치며, 함께 일할 때 더 많은 기회를 창출할 수 있고, 혼자 하는 것보다 더 큰 성공을 이룰 수 있음을 보여준다.

심리학 용어 중에 '집단 효과'가 있다. 혼자 일할 때보다 집단으로 일할 때 더 나은 성과가 나타나는 현상을 의미하는데, 이러한 현상은 개인들이 서로의 지식과 경험 및 아이디어를 공유하고, 서로에게 동기를 부여하며, 협력하여 문제를 해결하기 때문에 발생한다. 대표적인 사례로 전 세계 사람들이 자발적으로 참여하여 누구나 자유롭게 편집하고 참여할 수 있는 온라인 백과사전인 '위키백과'를 들 수 있다.

에드워드 L. 데시와 리처드 M. 라이언의 '자기 결정 이론'은 인간의 동기부여와 행동을 설명하는 심리학 이론이다. 이 이론에 따르면 보상·처벌·사회적 승인과 같은 외부적 요소에 의해 발생하는 '외적 동기부여'가 있고, 호기심·흥미·만족감과 같은 내면적 요소에 의해 발생하는 '내적 동기부여'가 있다. 내적 동기부여는 자율성·유능성·소속감과 같은 기본적인 심리적 욕구가 충족될 때 발생하는 반면, 외적 동기부여는 이러한 심리적 욕구가 충족되지 않을 때 발생하는 경향이 있다는 것이다.

"함께 일하는 사람들이 서로의 강점을 활용할 때 더 큰 성공을 거둘 수 있다."

_마하트마 간디

성공의 성은 혼자서도 쌓을 수 있지만 함께한다면 훨씬 멋있고 튼튼할 수 있다. 나 혼자만의 성공이 아니라 함께 성공하려는 마음가짐은 성공에 대한 내적 동기부여가 되어서, 더 나은 성과를 창출하고 더 큰 성공을 이끌어낸다.

함께 성공하는 방법을 찾기 위한 3가지 행동 지침

공동의 목표를 설정하고,
구체적인 계획을 수립하고,
역할을 분담한다.

개인의 특성과 의견을 존중하고,
강점과 약점을 이해해서
보완하며 협력한다.

적극적으로 참여하고,
개인의 이익보다 공동의 이익을
우선시한다.

# 나는 높은 회복 탄력성을 갖고 있다

나는 실패했을 때 주저앉아 운명을 원망하는 사람인가,
아니면 잠시 숨을 고르고 다시 일어나서 도전하는 사람인가?

이 세상은 평화로워 보여도 불완전하고 불공평한 곳이다. 그럼에도 불구하고 한번뿐인 인생인데 제대로 살아보겠다는 의지 없이는 행복한 삶이나 성공하는 삶은 요원하다.

불완전하고 불공평한 세상에서 그 누가 단번에 완벽한 성공을 거둘 수 있겠는가? 성공을 향해 달려가다 보면 크고 작은 고난에 부딪치고, 이런저런 실패를 맛보게 마련이다.

인류의 역사 역시 다르지 않다. 무수한 고난 속에서 실패를 겪었지만 꿋꿋하게 일어서서 찬란한 문명의 꽃을 피웠다.

어려움에 직면했을 때 굴하지 않고 다시 일어나는 능력, 즉 회복 탄력성은 유전적 요인보다는 후천적 경험이 더 큰 영향을 미친다고 알려졌다. 회복 탄력성은 노력 여하에 따라서 얼마든지 높아질 수 있다. 명확한 목표를 가지며, 어려움에 직면했을 때도 긍정적인 사고를 유지하고, 이전에 쌓아왔던 문제 해결 능력을 발휘하고, 가족이나 친구 및 지역사회로부터 지지를 얻으며, 효과적으로 스트레스를 관리한다면 회복 탄력성도 높아진다.

뇌에서는 상황에 따라 도파민, 세로토닌, 노르에피네프린 같은 다양한 신경전달물질이 분비되는데, 이러한 신경전달물질은 기분·동기부여·집중력 등과 같은 기능에 영향을 미친다.

어려움에 직면했을 때 유산소운동 혹은 명상을 하거나, 음악을 듣고, 충분한 수면을 취하면 회복 탄력성을 높일 수 있다. 이러한 행위는 스트레스 호르몬인 코르티솔의 수치를 낮추고 도파민이나 세로토닌 같은 신경전달물질의 분비가 균형을 이루는 데 도움을 줘서, 평상심을 되찾아준다.

"어려움을 겪을지라도 좌절하지 마라. 그것이 당신을 더 강하게 만들고, 목표를 달성하도록 도울 것이다."

_에이브러햄 링컨

빈곤한 농부의 아들로 태어나 정규교육도 제대로 받지 못했지만 변호사가 되고, 미국 제16대 대통령이 된 에이브러햄 링컨은 높은 회복 탄력성을 지닌 대표적 인물이다. 그는 고난을 배움과 성장의 기회라고 생각했다.

성공하겠다는 의지가 있다면 높은 회복 탄력성을 지녀야 한다. 비바람을 맞으며 성장한 나무는 폭풍우에도 쉽게 꺾이지 않는 법이다.

크고 작은 문제가 생기면
다각도에서 분석하고,
해결 방안을 모색해
문제 해결 능력을 키운다.


평상시 친구나 가족과의
유대감을 돈독히 하고,
필요할 때는 지원을 요청한다.


고난이 닥치면
긍정적인 자기 대화를 통해서
문제를 차근차근 풀어나간다.

# CHAPTER 4

# 나는 행복한 삶을 산다

행복은 당신이 가진 것에 만족하는 마음이 아니라
당신이 가진 것에 감사하는 마음이다.

_헨리 데이비드 소로

# 나는 내 인생의 주인이다

나는 주인의식을 갖고서 주도적인 삶을 살아가고 있는가?
세월의 물결에 이리저리 떠밀리며 나이만 먹어가고 있는 건 아닌가?

주도적 삶에 대한 물음은 인류의 오랜 숙제였다. 수많은 사람이 인생을 어떻게 살아야 할지에 대해 고민했고, 그에 대한 답을 찾으려고 노력했다.

로마 제국 시대 스토아학파 철학가였던 에픽테토스는 소아시아의 히에라폴리스에서 노예로 태어나 어린 나이에 로마로 끌려갔다. 그는 네로 황제의 노예였던 에바브로디도의 집에서 노예로 자라다가 우연히 철학을 공부했고, 결국 노예에서 풀려나 스토아 철학을 가르쳤다.

에픽테토스는 인간의 삶을 '통제할 수 있는 것'과 '통제할 수 없는 것'으로 구분했다. 즉, 자신의 생각·감정·행동 같은 내면적인 것들은 통제할 수 있지만 환경·외부적 사건·타인의 행동 같은 외부적인 것들은 통제할 수 없다고 보았다. 그는 우리가 진정한 자유를 얻기 위해서는 통제할 수 없는 외부적인 것들에 대한 집착을 버리고, 통제 가능한 내면의 자유를 추구해야 한다고 주장했다.

폴란드 출신의 인류학자 브로니슬라프 말리노프스키는 행복한 삶

을 살아가는 데는 삶을 스스로 선택하고 결정하는 '자기 결정'과 삶에
영향을 미치는 요소들을 관리하는 '환경 통제'가 중요하다고 보았다.
즉, 인간은 자신의 삶을 스스로 선택하고 결정할 수 있는 자유를 누림
과 동시에 공동체의 일원으로서 책임을 다해야 한다는 것이다.

주인의식의 중요성을 강조한 학파는 '실존주의'이다. 실존주의 철학
가들은 인간은 먼저 태어나고, 그 뒤에 본질을 부여받는다는 이론을
정립했다. 즉, 인간은 본질을 갖고 태어나는 것이 아니라 스스로 삶을
만들어가는 과정에서 자신의 본질을 정립하는 존재라는 것이다.

> "우리는 자유롭지 않은 자유 속에 갇혀 있다. 우리는 자유를 선택
> 해야 하며, 그 선택에 따라 우리의 삶이 결정된다."
>
> _장 폴 사르트르

사르트르는 인간에게는 미리 주어진 삶의 의미가 없으므로, 자신의
선택과 행동을 통해서 스스로 삶을 창조해가면서 삶의 의미를 부여하
는 주인의식을 가질 것을 권했다.

심리학자 줄리안 로터와 그의 동료들은 삶의 결과를 어떻게 지각하
느냐에 따라서 내부적 요인(예컨대 개인의 노력, 능력, 성격)이라고 믿는
'내적 통제소'와 외부적 요인(예컨대 운명, 타인, 환경)이라고 믿는 '외적
통제소'로 분류했다. 그들의 연구 결과에 따르면 내적 통제소가 높은
사람들은 자신의 삶에 대한 책임감이 강하고, 목표를 달성하기 위해
더 열심히 노력하며, 어려움에 직면했을 때 포기하지 않고 극복하려

는 경향이 있다. 반면에 외적 통제소가 높은 사람들은 자신의 삶이 외부적 요인에 의해 결정된다고 믿기 때문에, 자신의 노력이나 능력에 대한 믿음이 낮고, 목표를 달성하기 위해 노력하지 않거나, 어려움에 직면했을 때 쉽게 포기하는 경향이 있다.

이 세상 그 누가 완벽한 삶을 살 수 있겠는가? 인간은 신이 아니다. 행복한 삶은 불완전함을 받아들이는 데서부터 시작된다.

인생은 누구에게나 한번뿐이다. 가본 적 없는 미지의 길이어서 두렵고 불안하더라도 주인의식을 갖고 살아야 후회 없는 삶, 행복한 삶을 살 수 있다.

**주인의식을 갖기 위한 3가지 행동 지침**

- 삶의 가치를 어디에 둘지 생각한 뒤, 명확한 가치관을 확립한다.
- 스스로 생각해서 결정하되, 과정이나 결과에 대한 책임감을 갖고 행동한다.
- 문제가 발생하기 전에 예측하고, 그 해결을 위한 사전 조치를 취한다.

# 나는 꿈을 이루기 위해 노력한다

나는 꿈을 갖고 있으며, 그 꿈을 이루기 위해 노력하고 있는가?
꿈 따위는 오래전에 흘러가버린 젊은 날의 추억일 뿐이라며,
하루하루를 마지못해 살아가고 있지는 않는가?

꿈은 개인의 자아를 실현하고 욕구를 충족하기 위한 가치 있는 활동이다. 꿈을 추구할 때 삶의 의미와 방향을 찾을 수 있고, 열정을 한껏 불사를 수 있으며, 그 과정에서 성장하고 발전하는 자신을 발견할 수 있다. 또한 꿈을 이루기 위해 함께 노력하는 사람끼리 강력한 소셜 네트워크와 커뮤니티를 구축하여 행복의 질을 높일 수 있다.

어렸을 때는 누구나 꿈을 꾸지만 실제로 꿈꾸었던 삶을 살아가는 사람은 그리 많지 않다. 나이를 먹을수록 점점 꿈과 멀어지는 것이 현실이다. 그렇다고 해서 더 이상 꿈을 꾸지 않는다면 행복도 점점 멀어지고 만다.

상황이 변하면 꿈도 자연스럽게 변하게 마련이다. 꿈을 아예 포기하는 것이 아니라 상황 변화에 맞춰 새로운 꿈을 꾸어야 한다. 만약 어렸을 때 꿈이 비행기 기장이었는데 어느새 40대가 되었고, 평범한 직장생활을 하고 있다고 해서 좌절할 필요는 없다.

지금까지의 경험을 바탕으로 자기 분야에서 최고 자리를 목표로 설정해서 꿈을 꿀 수 있고, 또 다른 비상을 위해 전문 자격증을 목표로

설정할 수도 있고, 후배들을 육성하고 멘토링 하는 꿈을 꿀 수도 있다. 성공을 위해 창업을 목표로 설정할 수도 있고, 지역사회 활동이나 환경 보호를 하면서 새로운 꿈을 꿀 수도 있고, 가족과 함께하는 여행 혹은 가족이 안락한 시간을 보낼 전원주택을 목표로 설정하는 등 개인적인 꿈을 꿀 수도 있다.

상황의 변화에 맞춰서 새로운 꿈을 꾸면 뇌의 신경망도 자연스럽게 변화하면서 새로운 가능성이 열린다. 이로써 뇌의 건강을 유지할 수 있고, 훗날 어려움을 극복하는 데도 도움이 된다.

긍정심리학의 선구자 마틴 셀리그먼은 그의 저서 《번영》에서 웰빙 이론을 제시하며, 번영하는 삶을 구성하는 5가지 핵심 요소로 PER-MA 모델을 제시했다. 즉, 긍정적인 감정(Positive Emotion), 몰입(Engagement), 관계(Relationships), 의미(Meaning), 성취(Accomplishment) 등 다섯 요소가 삶을 번영하게 하고 행복을 증진시키는 중요한 요소라는 것이다.

꿈을 꾼다는 것은 PERMA 모델과 깊은 관계가 있다. 꿈을 꾸는 동안에는 긍정적인 감정을 느낄 수 있고, 자신의 일에 몰두할 수 있으며, 가족이나 친구 및 동료와 긍정적 관계를 유지할 수 있고, 삶의 의미를 찾을 수 있고, 성취감을 맛볼 수 있다.

"세상에서 가장 행복한 사람은 자신이 하는 일을 좋아하고, 그것을 통해 세상에 기여하는 사람입니다."

_밥 호프

행복한 사람들이 꿈을 꾸는 것이 아니라, 꿈을 꾸기 때문에 행복하다. 행복한 삶을 살고 싶다면 죽는 순간까지 꿈을 내려놓지 말아야 한다.

---

꿈을 이루기 위한 3가지 행동 지침

• SMART한 목표를 설정하고, 구체적인 계획을 세운다.
• 목표를 달성하기 위한 인적 자원과 물적 자원을 확보한다.
• 꿈을 이루기 위해 필요한 지식과 기술을 끊임없이 배우고 익힌다.

# 나는 자존감이 높다

나는 자존감이 높은 사람인가?

자존감은 '자신의 장점과 단점을 모두 받아들이고, 자신의 능력과 가치를 인정하는 마음'이다. 인간은 타인과의 관계 속에서 자아를 형성한다. 자존감은 행복한 삶의 기반이며, 건강한 인간관계 형성에 중요한 역할을 한다.

자존감은 성장 과정에서 다양한 경험을 통해 형성된다. 가족, 친구, 선생님 등 주변 사람들과의 관계, 성공이나 실패 경험, 사회문화적 환경 등이 자존감 형성에 영향을 미친다.

공동체 의식이 강했던 19세기 이전에는 사회적 지위나 역할에 의해 개인의 가치가 결정되었지만, 19세기 이후에는 개인적 능력과 성취에 의해 개인의 가치가 변함에 따라 자존감이 행복에 미치는 영향력이 커졌다.

급변하는 사회에서는 불확실성 또한 증가하게 마련이다. 게다가 우리나라의 경우에는 교육, 취업, 결혼 등 다양한 분야에서 경쟁이 심화되면서 '비교 문화'가 자리를 잡았다.

자존감 높은 사람은 자신이 좋아하는 일을 하고, 목표를 이루기 위해 노력하며, 건강한 관계를 유지하면서 만족스러운 삶을 살아간다. 반면 자존감 낮은 사람은 불안감, 우울증, 스트레스 등으로 인해서 행복한 삶과는 점점 멀어지게 된다.

자존감은 뇌의 편도체나 해마와 깊은 관련이 있다. 편도체는 두려움과 분노 같은 부정적 감정을 처리하는 역할을 하며, 과도하게 활성화되면 불안과 스트레스를 증가시킬 수 있다. 뇌 과학자들의 연구에 따르면, 자존감 낮은 사람들은 편도체가 과하게 활성화되는 경향이 있다. 해마는 기쁨과 행복 같은 긍정적 감정을 처리하는 역할을 하는데, 자존감 높은 사람은 편도체 활동은 감소하는 반면 해마의 활동이 증가하여 정서적 안정감을 유지한다. 또한 자존감 높은 사람은 도파민 분비가 활발해서 목표에 대한 동기부여가 잘 되어 있고 옥시토신의 분비 또한 활발해서 사람들에 대한 신뢰와 유대감을 느낄 수 있어서, 행복감이 증가한다는 연구 결과가 있다.

미국의 교육심리학자 마이클 R. 코빙턴은 학습 성취와 관련된 학생의 동기를 설명하기 위해 '자아가치 이론(Self-Worth Theory)'을 제시했다. 학생들이 학습 과정에서 경험하는 성공과 실패를 어떻게 인지하고 해석하는지에 따라 학습 동기가 달라진다는 것이다. 이 이론에 따르면, 학생들은 학습 과정에서 자신이 유능하고 가치 있는 존재임을 확인하고 싶어 하며, 이러한 자아가치를 유지하기 위해 노력한다.

자존감의 높고 낮음과 상관없이 학생들은 저마다 자아 가치를 유지하기 위한 심리적 방어 기제를 가지고 있다. 자존감 높은 학생들은 도전과 실패를 성장의 기회로 여겨서, 어려움에도 굴하지 않고 목표를 향해 나아간다. 반면 자존감 낮은 학생들은 어려운 과제를 회피하거나, 실패 가능성 높은 상황을 아예 피하려 하는 것으로 나타났다.

> "작은 일부터 시작하세요. 작은 성공들이 모여 큰 성취를 이루게 됩니다."
>
> _엘리너 루스벨트

엘리너 루스벨트의 명언은 자존감을 높여서 성공하는 방법을 한마디로 설명하고 있다.

행복한 삶을 살고 싶다면 자존감을 높여야 한다. 자기 자신의 능력과 가치마저 믿지 못한다면 불확실성이 점점 커져만 가는 험난한 이 세상을, 무슨 힘으로 헤치고 나아가겠는가?

자존감을 높이기 위한 3가지 행동 지침

- 선택의 순간마다 긍정적인 자기 대화를 한다.
- 작은 목표를 설정하고, 하나씩 이루어 나가며 성취감을 느낀다.
- 실수나 실패했을 때도 심하게 자책하기보다는 성장의 기회로 받아들인다.

# 나는 가진 것에 감사한다

나는 가진 것에 감사하는 마음을 갖고 사는가,
아니면 갖지 못한 것을 탐욕스런 눈으로 바라보며
세상에 대해 온갖 불평불만을 하며 살아가는가?

로마의 철학가 세네카는 "감사하는 마음은 풍요로움의 씨앗"이라고 말했다. 그는 우리가 가진 것을 당연하게 여기기보다는 감사하는 마음을 지닐 때 더 큰 행복을 누릴 수 있다고 주장했다.

또한 그는 행복을 방해하는 가장 큰 적으로 '불평불만'을 꼽았다. 그는 친구에게 보낸 편지를 엮은《서간집》에서 '불평불만은 우리를 불만족스럽고 불행하게 만들며, 삶의 긍정적인 측면을 잊게 한다'고 말했다.

감사하는 마음은 뇌에 긍정적인 영향을 미친다. 쾌락과 만족감을 느끼면 보상회로가 활성화돼, 도파민과 같은 신경전달물질이 분비되어 행복감이 증진된다. 보상회로는 같은 행위를 반복하도록 유도하는데, 감사하는 마음이 수레바퀴처럼 계속 구르다 보면 인생 전반에 걸쳐 더 큰 행복을 느끼게 된다.

심리학자들의 각종 연구 결과에 따르면, 자신이 가진 것에 감사하는 마음은 기쁨이나 행복과 같은 긍정적 감정을 증진시켜 삶의 만족도를 높인다. 반면, 우울증과 같은 부정적 감정은 감소시키는 것으로 나타났다.

　자신이 가진 것에 감사하는 마음은 정서적 안정감과 마음의 평화를 줄 뿐만 아니라, 타인과의 연결성을 강화하고 공동체 의식을 높여서 삶의 의미와 가치를 깨닫게 한다. 또한 어려운 상황에 처하더라도 부정적인 감정에 휩쓸리지 않고 긍정적인 태도를 유지하도록 해서, 어려움을 타개해나가는 데 도움을 준다.

내가 가진 것에 감사하는 마음을 갖기 위한 3가지 행동 지침

• 눈을 뜨면 새로운 하루를 시작할 수 있음에 감사한다.
• 다른 사람과 비교하지 않고, 나의 성취를 축하하며, 나 자신을 칭찬한다.
• 사소한 일에도 감사하며, 그 마음을 가족이나 친구들과 함께 나눈다.

# 나는 있는 그대로의 나를 사랑한다

나는 콤플렉스에 빠져 열등감을 느끼며 살아가는가,
아니면 나의 단점이나 부족한 점마저 사랑하며 살아가는가?

심리 치료 전문가이자 베스트셀러 작가인 루이스 L. 헤이는 "어떤 일로도 자신을 비판하지 말고, 있는 그대로의 나를 받아들임이 자신을 사랑하는 일의 시작"이라고 말한다. 그녀는 자신의 저작 《치유》를 통해 불행했던 어린 시절의 트라우마를 극복해나가는 과정, 암 판정을 받고 암을 극복하기까지의 과정 등을 담담하게 고백하며, 있는 그대로의 자기 자신을 받아들이고 사랑하는 일이 얼마나 중요한지를 역설한다.

자기 자신을 사랑하는 일은 실존주의 철학가들의 사상과 맞닿아 있다. 인간은 자신의 삶을 어떻게 살아갈지 스스로 선택하고, 그 선택에 대한 책임을 져야 한다. 또한 인간은 불안한 존재이지만 그럼에도 불구하고 자신의 가치관과 신념에 따라 삶을 살아야 한다는 것이 실존주의 철학가들의 사상이다. 그들이 말하는 진정한 행복은 자신의 존재를 받아들이고, 자신만의 방식으로 삶의 의미와 가치를 추구하며 살아가는 것이다.

**"행복은 자신의 존재를 진정성 있게 이해하며 살아가는 것이다."**

_마르틴 하이데거

있는 그대로의 나를 받아들임은 '자기 수용'이다. 심리학자들의 연구 결과에 따르면, 자기 수용력이 낮으면 불안 증상이나 우울증에 시달릴 가능성이 높고, 자기 수용력이 높으면 행복감이나 삶에 대한 만족도가 높다고 한다.

이제 더 이상 타인과 비교하지 말고, 자학하지도 말고, 스스로에게 욕하지도 마라. 비록 못나고 지질한 면이 없지는 않겠지만, 그 모습마저도 사랑할 때 비로소 따사로운 행복을 향해 한 발 다가서게 된다.

있는 그대로의 나를 사랑하기 위한 3가지 행동 지침

• 나의 강점과 약점을 파악하고, 있는 그대로의 나를 인정한다.
• 과거에 큰 실수를 했거나 잘못을 저질렀다면, 충분히 반성한 뒤 나 자신을 용서한다.
• 나에게 안 좋은 인식을 갖고 있는 사람들보다는 나를 사랑해주는 사람들과 함께 시간을 보낸다.

# 나는 품격 있는 사람이다

나는 품격 있게 말하고, 품격 있는 태도를 지니고 있는가?
나의 말과 행동이 주변 사람들에게 미치는 영향을 생각하며
살아가고 있는가?

인간은 집단 속에서 관계를 형성하며 살아가는 사회적 동물이다. 지도자를 선출할 때도 그 사람이 지닌 능력 못지않게 중시 여기는 것이 정직, 책임감, 용기, 배려, 존중 등과 같은 품격이다.

아리스토텔레스나 칸트 같은 철학가들은 쾌락이나 물질적 풍요보다 '덕'을 실천하는 것이 진정한 행복이라고 생각했다. '덕'은 정직, 책임감·용기·배려·존중 등과 같은 품격 있는 자질을 의미하는데, 이러한 자질을 통해 타인과 건강한 관계를 형성하고, 삶에 의미를 부여하며, 어려움을 극복할 힘을 얻을 수 있다고 주장했다.

심리학자들은 오랜 세월에 걸쳐 행복에 관한 연구를 해왔다. 과거에는 개인이 느끼는 쾌락, 만족감과 같은 '주관적 행복(subjective well-being)'에 대한 연구가 주를 이루었다. 그러나 최근에는 단순히 쾌락이나 만족감을 넘어 자아실현, 삶의 의미, 사회적 관계, 탄력성, 성장 등 다양한 요소를 포함하는 긍정적 심리 상태인 '심리적 행복(psychological well-being)'에 대한 연구가 성행하고 있다.

품격 있는 말과 태도는 단순히 매력적인 표현이나 행동 방식을 넘

어, 타인을 존중하고 배려하며, 책임감을 가지고, 정직하고 용기 있는 태도를 의미한다. 품격 있는 말과 태도는 긍정적 자아상을 형성하고, 신뢰와 존중을 기반으로 한 건강한 대인 관계를 형성하고, 스트레스를 줄여주어 정신 건강을 유지하는 데 도움을 준다. 이처럼 삶의 모든 영역에서 중요한 역할을 하는 품격 있는 말과 태도는 특히 심리적 행복에 긍정적인 영향을 미친다.

> "나는 언젠가 나의 어린 네 자녀가 피부색이 아니라 품격에 의해 평가받는 나라에 살게 될 것이라는 꿈을 가지고 있습니다."
>
> _마틴 루서 킹 주니어

 루서 킹 목사가 꿈꾸었던 세상도 품격 있는 사람들이 집단을 이루어 살아가는 품격 있는 세상이었다.
 행복한 사람은 자신의 가치관과 신념에 따라서 살아가므로 높은 자존감을 지니고 있다. 품격 있는 말과 태도는 타인의 인정은 물론이고, 자기만족을 충족시켜 자존감을 높여준다.

---

### 품격 있는 사람이 되기 위한 3가지 행동 지침

- 자신의 실수를 인정하고, 말과 행동에 책임을 진다.
- 타인의 말을 경청하며, 존중하고 배려한다.
- 자신의 한계를 인정하고, 배우려는 자세를 유지한다.

# 나는 건강한 정신과 신체를 갖고 있다

나는 매일 건강한 정신과 신체를 유지하기 위해 노력하는가?
바쁘다는 핑계로 아무 생각 없이 하루하루를 살아가고 있지는 않는가?

건강은 행복의 기반이다. 생존과 번식을 위해서도 중요할 뿐더러, 사회 발전에도 반드시 필요하다.

산업화 시대 이전에는 만연한 질병과 짧은 수명 등이 행복의 장애물이었다. 현대 사회는 의학의 발달로 인해서, 질병 사망률이 감소하고 평균 수명이 증가했지만 스트레스·우울증·불안 장애와 같은 정신 건강 문제가 행복의 장애물이 되고 있다. 건강한 정신을 유지하기 위해서는 긍정적 마인드, 스트레스 관리, 원만한 사회적 관계, 취미 활동, 명상 등을 통한 마음챙김 등이 필요하다.

현대 사회의 특징 중 하나는 흥미로운 콘텐츠와 정보가 넘쳐난다는 점이다. 얼핏 보면 풍요로운 환경이지만 뇌는 쉽게 중독되는 성향이 있으므로, 아무 생각 없이 살다가는 중독으로 정신 건강을 해칠 수 있다. 아무리 정보화 시대라 하더라도 과도한 스마트폰 사용, 인터넷 서핑, SNS 활동, 게임 중독 등을 경계해야 한다. 또한 쇼핑·음식·도박·알코올 및 약물 의존증 등을 항상 경계하며 살아야 한다.

건강한 신체를 유지하기 위해서는 규칙적인 운동, 충분한 수면, 좋은 식습관, 적절한 휴식, 정기적인 건강 검진 등이 필요하다.

우리가 운동을 해야 하는 근본적인 이유는 건강한 신체를 유지하기 위함이지만 운동을 하면 행복감도 증진된다. 신경과학자들의 연구에 따르면, 운동을 하면 근심을 없애고 행복을 선사하는 화학물질 엔도카나비노이드가 생성된다. 즉, 운동을 하면 뇌의 보상체계를 자극하여 엔도카나비노이드를 생성하고 수용체를 통해서 도파민 및 아드레날린 등을 분비하게 하여 행복감을 증진시킨다는 것이다.

업무가 너무 바빠서 따로 운동시간을 내기 어렵다면 일상생활 속에서 운동하는 습관을 길러야 한다. 엘리베이터 대신 계단 이용하기, 걷거나 자전거를 타고 출퇴근하기, 청소나 정원 가꾸기, 반려견과 함께 산책하기 등을 통해서 운동 효과를 높일 수 있다.

"운동할 시간을 내지 않는다면, 병으로 앓는 시간을 내게 될 것이다."

_장 칼뱅

행복한 삶을 살고 싶다면 고급 승용차나 소파가 아니라 건강부터 챙겨야 한다. 누구나 행복을 논할 수 있지만 정작 행복을 누리는 사람은 건강한 사람들이기 때문이다.

건강한 정신과 신체를 갖기 위한 3가지 행동 지침

주 3~5회, 30분 이상의
유산소 운동과
근력 운동을 병행한다.


잠들기 전 휴대폰을 멀리하고,
충분한 수면을 통해서
맑은 정신을 유지한다.


명상, 요가, 심호흡 등으로
스트레스를 관리한다.

# 나는 안정적인 재정 관리를 하고 있다

나는 안정적으로 재정 관리를 하고 있는가?
미래에 대한 불안이 밀려올 때마다, '어떻게 되겠지'라는 심정으로
자포자기하고 있지는 않는가?

물과 공기가 있어야 인간이 생존할 수 있듯이, 행복은 의식주와 같은 기본 욕구가 충족되어야 누릴 수 있다. 안정적인 재정 관리는 사회적 지위를 확보하는 한편, 미래에 대한 불안감을 줄이는 데 도움 된다.

인도 최초의 노벨 경제학상 수상자 아마르티아 센은 단순히 경제적 소득이나 자원의 양을 측정하는 것을 넘어, 사람들이 실제로 무엇을 할 수 있고 어떤 삶을 살 수 있는지를 평가하는 데 중점을 둔 '역량 접근법(Capability Approach)'을 통해서, 개인이 자신의 삶을 설계하고 선택할 수 있는 능력이 행복의 핵심 요소임을 강조했다.

안정적 재정 관리는 행복의 기본 조건인 교육받을 수 있는 자유, 건강을 관리할 수 있는 자유, 정치적으로 참여할 수 있는 자유, 사회에 참여할 수 있는 자유 등 최소한의 역량을 제공한다. 소비는 단기 만족감을 주지만 안정적 재정 관리는 장기 만족감을 준다.

경제적 안정은 자기 효능감이나 자존감과도 밀접한 관계가 있다. 경제적 안정감은 긍정적인 영향을 미치지만, 경제적 불안감은 자기 효능감은 물론이고 자존감마저 떨어뜨린다. 자존감 하락은 자신감 하

락으로 이어진다.

> "돈 문제로 당신의 자신감이 훼손당하는 상황을 만들어서는 안 된다. 자신감이 없는 사람은 인간으로서 최소한의 삶을 살 뿐이다."
>
> _보도 섀퍼

미국 심리학회의 연구에 따르면, 재정적 안정은 개인의 정신 건강에 긍정적인 영향을 미치는 주요 요인 중 하나이다. 재정 불안으로 인한 스트레스는 많은 사람이 경험하는 주요 스트레스이다. 경제적으로 어려운 처지에 놓이면 재정 관리에서 아예 손을 떼고 방치한다. 이럴 경우 불확실성의 증가로 불안 지수와 스트레스 지수가 가파르게 치솟는다.

수익이 미미해서 재정 관리가 의미 없이 느껴질지라도 포기하지 말고, 적극적으로 재정을 관리해야 한다. 소비를 줄이고 수입을 늘릴 방법을 강구하다 보면, 차츰차츰 안정적 재정 관리가 가능해진다.

---

안정적 재정 관리를 위한 3가지 행동 지침

- 매달 수입과 지출을 관리하며, 이를 바탕으로 예산을 수립한다.
- 장기적인 재정 목표를 설정하고 주식, 채권, 부동산 등 다양한 자산에 분산투자한다.
- 재정 관련 서적, 세미나, 온라인 강의, 전문가 등을 통해서 금융지식을 지속적으로 업데이트한다.

# 나는 가족 구성원으로서의
# 역할에 충실하다

나는 가족 구성원으로서의 역할을 충실히 수행하고 있는가?
자식으로서, 부모로서, 배우자로서의 역할에 부끄러움이 없는가?

가족은 인간 사회의 기본 단위로 자녀 양육, 경제적 협력, 정서적 지지, 사회적 연대 등 다양한 기능을 수행한다. 특히, 가정교육은 개인의 성격·가치관·사회성 형성에 깊은 영향을 미친다. 인류학자들의 연구에 따르면, 친밀한 유대감과 지지를 받는 가족 관계 속에서 성장한 사람은 정서적으로 안정되고 자존감이 높아서 사회적으로 성공할 가능성이 높다고 한다.

가족의 형태와 역할은 사회 변화에 따라 지속적으로 변해왔다. 산업화와 도시화 과정을 거치면서 대가족 체제는 붕괴되고, 핵가족 형태가 주류를 이루게 되었다. 역사학자들은 시대별 가족 변화와 행복 추구 방식의 변화를 분석하는 연구를 통해, 가족 관계의 질이 개인의 행복에 지대한 영향을 미친다는 사실을 발견했다.

과거에는 경제적 안정과 사회적 지위 확보가 행복의 절대 요소였다면 현대 사회는 개인의 자유, 자아실현, 정서적 만족이 행복을 결정짓는 요소이다. 시대의 변화와 함께 행복 추구 방식이 바뀌면서 사랑과 지지, 소통, 공동체 의식이 강한 가족 관계가 개인의 행복에 핵심 역할을 하는 것으로 나타났다.

독일 태생의 미국 정치 이론가이자 사상가인 한나 아렌트는 자신의 저서 《인간의 조건》에서 가족이 개인의 사회적 정체성 형성에 중요한 역할을 한다고 주장했다.

인간의 행복과 삶에 대한 이해를 다각도에서 깊이 있게 파악하기 위해 1938년부터 성인 남성 724명을 대상으로 75년 동안 추적 조사한 하버드대학교의 성인발달연구 보고서에 따르면, 가족과의 친밀한 유대감 및 친구와의 좋은 관계가 건강과 행복에 긍정적 영향을 미치는 것으로 나타났다.

"가정에서 마음이 평화로우면 어느 마을에 가든 축제처럼 즐거운 일들을 발견한다."

_인도 속담

인간을 행복하게 하는 것은 각자의 마음속에 있다. 그 행복을 처음 발견하는 곳이 바로 가정이다. 자식으로서, 부모로서, 배우자로서의 역할에 충실할 때 우리는 비로소 마음속에 천상의 선물 같은 기쁨이라는 보물을 품게 된다.

가족 구성원으로서의 역할에 충실하기 위한 3가지 행동 지침

가족의 방향성을 정하고,
공동의 가치와
목표를 공유한다.


함께하는 시간을 마련해서,
감정이나 생각을 솔직히 주고받으며
유대감을 강화한다.


각자의 차이점을 인정하고,
가족 구성원 간의
의견과 선택을 존중한다.

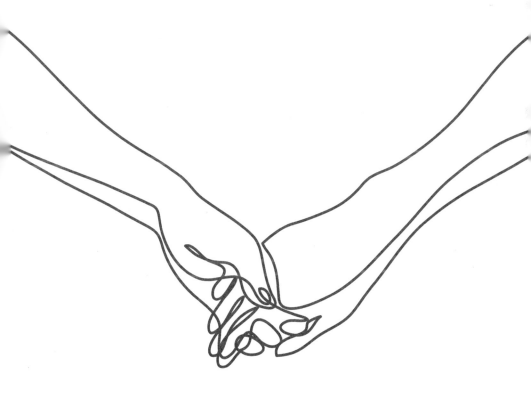

# 나는 사회 활동을 활발하게 하며
# 베푸는 삶을 산다

나는 다른 사람을 위해 베푸는 삶을 살아가고 있는가?
아니면 사회라는 거대한 울타리에 갇혀서 소극적인 태도로 일관하며
외롭게 살아가고 있는가?

인류는 오랜 세월 공동체 생활을 하며, 숱한 어려움을 함께 극복해냈다. 오랜 진화 과정 속에서 공동체 생활을 할 때 느꼈던 수많은 감정이 유전자 속에 고스란히 남아 있다.

공동체 의식이 느슨해진 건 산업혁명 이후이다. 산업구조가 바뀌고 가족 구성원의 변화로 인해, 공동체 의식이 약해지면서 개인주의가 번성하기 시작했다. 하지만 유전자는 여전히 공동체적 삶 속에서 행복을 찾고 있다.

사회학자들은 각종 조사와 연구를 통해서 사회 관계망이 넓고 깊을수록 개인의 행복감도 증진된다는 사실을 밝혀냈다. 개인주의적인 삶보다 사회 활동을 활발히 하며 베푸는 삶을 살 때 더 큰 만족감과 함께 더 큰 행복을 느낀다는 것이다.

마틴 셀리그먼 같은 긍정심리학자들은, 다른 사람이나 사회 전체의 복지를 위해 자발적으로 타인에게 도움을 주거나 배려하는 행동·협력적 행동·공동체 의식 등을 나타내는 프로소셜 행동(Prosocial Behavior)이 개인의 행복감을 높인다고 주장한다. 또한 뇌 과학자들의

연구에 따르면, 기부 행위가 뇌의 보상시스템을 활성화시켜 행복감을 증진하고, 봉사 활동은 우울증 증상을 완화하고 삶의 만족도를 높인다고 한다.

베푸는 행위는 단기적 안목으로 보면 손해 보는 기분이 들 수 있다. 그러나 장기적 안목으로 보면 사회적 지지와 긍정적 평가가 일종의 보상으로 돌아오기 때문에 더 큰 만족감과 행복을 느끼게 된다.

> "행복은 입맞춤과 같다. 행복을 얻기 위해서는 누군가에게 행복을 주어야만 한다."
>
> _디오도어 루빈

활발한 사회 활동과 베푸는 삶은 단순히 도덕적인 문제가 아니다. 과학적으로 이미 증명된 행복한 삶을 위한 탁월한 전략이라고 할 수 있다.

---

베푸는 삶을 위한 3가지 행동 지침

• 일상에서 칭찬과 격려를 생활화한다.
• 매일 감사한 일 3가지를 적어보고, 주변 사람들에게 감사의 마음을 표현한다.
• 어려운 이웃을 돕거나 지역사회의 봉사활동에 참여한다.

# 나는 나만의 인생을 즐길 줄 안다

나는 나만의 인생을 즐기며 살고 있는가?
타인의 멋진 인생을 훔쳐보느라 내 인생의 즐거움을
놓치고 있지는 않는가?

행복의 개념이나 행복의 기준은 시대와 문화에 따라 달라진다. 과거에는 물질적 풍요나 사회적 지위가 행복의 척도였다면 현대 사회에서는 자아실현, 관계, 건강 등 다양한 요소가 행복을 좌우한다.

과거에도 타인과의 비교는 존재했지만, 정보 과잉 시대인 현대 사회에서는 비교 대상이 기하급수적으로 늘어나고, 비교 수준 또한 높아져서 상대적 박탈감을 심화시키고 있다. 따라서 타인과 내 삶을 비교하다 보면 행복과는 점점 멀어지고 만다.

20세기 프랑스의 대표적인 철학가 장 폴 사르트르는 '존재는 본질에 앞선다'고 말했다. 인간은 태어날 때 본질이나 목적을 갖고 있는 것이 아니라, 존재하고 나서 삶의 의미를 만들어나간다는 뜻이다. 즉, 인간은 스스로 자신의 삶을 만들어가는 주체라는 것이다. 사르트르에게 행복이란, 자신의 선택에 대한 책임을 지고 자유롭게 살아갈 때 얻어지는 결과물이다. 행복은 주어지는 것이 아니라 스스로 만들어가는 것이라는 의미이다.

뇌 과학자들의 연구에 따르면, 자신의 삶을 주도적으로 설계하고 타인의 시선에서 자유로운 사람일수록 판단·의사 결정·자기 통제 등 고차원적 기능을 담당하는 전전두엽이 활성화되어 있다.

심리학에서는 개인의 행복을 연구할 때 '자아'라는 개념을 중시한다. 타인과의 비교는 경쟁심을 불러일으켜 발전의 계기가 되기도 하지만, 지나친 비교는 자존감을 낮추고 우울증이나 불안 같은 정신적 문제를 야기할 수 있다. 행복한 삶을 살고 싶다면, 자신의 강점을 인정하고 주도적 삶을 살며 자존감을 높여야 한다.

스스로 삶을 선택하고 결정하는 주도권, 즉 자기 결정권은 자아실현을 가능하게 해서 물질적인 소유로 채워지지 않는 특별한 경험을 선사하고, 그 경험을 통해 더 큰 삶의 만족도와 행복감을 느끼게 한다.

"인생에서 원하는 것을 얻기 위한 첫 번째 단계는 내가 무엇을 원하는지 결정하는 것이다."

_벤 스타인

행복한 삶은 소유가 아닌 경험이다. 자기만의 가치관을 정립하고 삶의 목표를 설정해서 긍정적인 경험을 습관처럼 쌓아나가다 보면, 어느 날 문득 행복에 둘러싸여 있는 자신을 발견하게 될 것이다.

다양한 경험과
사색을 통해서
나 자신에 대해서 파악한다.


인생 전반에 관한
목표를 설정하고,
단계별 계획을 세운다.


전자기기나 SNS 등의
사용 시간을 줄여서,
해보고 싶었던 일에 도전한다.

# 나는 야외 활동을 좋아한다

나는 야외 활동을 좋아하는가? 업무가 바쁘고 피곤하다는 이유로
평일에는 물론이고 주말에도 집에서 뒹굴며 지내지는 않는가?

인류는 수십만 년 동안 자연 속에서 생활하며 진화해왔
다. 자연은 우리에게 먹거리를 제공할뿐더러, 스트레스를 해소하고
심리적 안정감을 주는 공간이다. 인간의 유전자 속에는 자연과 함께
할 때 느낄 수 있는 다양한 감정이 각인되어 있다. 인간이 자연과 멀어
지기 시작한 것은 산업혁명 이후로 고작 300여 년에 불과하다. 인간
은 본능적으로 자연을 그리워하고, 자연 속에서 휴식이나 안식을 취
하려는 욕구를 지니고 있다.

현대 사회는 경쟁이 치열한 데다 과잉 정보로 인해서 받는 스트레
스가 이만저만이 아니다. 이에 자연은 지친 몸과 마음을 치유하고, 삶
의 활력을 되찾아준다. 햇볕을 쬐며 야외 활동을 하면 세로토닌 분비
가 증가하여 우울증 예방에 도움이 되고, 야외에서 유산소 운동을 하
면 엔도르핀이 분비되어 기분이 좋아진다. 또한 다른 사람들과 함께
운동하면 유대감이나 소속감을 느낄 수 있어서, 좀 더 안정된 심리 상
태를 유지할 수 있다.

뇌 과학자들의 연구에 따르면 야외 활동을 하면 스트레스 호르몬인

코르티솔의 수치가 감소하는 반면, 행복 호르몬인 세로토닌과 도파민의 분비가 증가한다. 또한 전두엽의 활성화로 판단력과 창의력이 향상된다.

만성적 스트레스는 새로운 정보를 장기 기억으로 전환하고 공간적 기억 형성에 중요한 역할을 하는 해마의 기능을 저하시킨다. 반면 야외 활동을 하면 뇌혈류 증가로 스트레스가 감소하고 새로운 풍경, 소리, 냄새 등의 자극으로 인해 새로운 신경망이 형성되면서 해마 또한 활성화된다. 즉, 뇌의 신경 가소성이 높아지면서 기억력·학습 능력·창의력 등이 향상된다. 깊은 산속이나 한적한 들판이 아닌 도심 속 녹색 공간에서 산책을 하거나 자연 풍경을 감상하는 것만으로도 기억력이 향상된다는 연구 결과도 있다.

> "자연을 공부하고, 자연을 사랑하고, 자연을 가까이하라. 결코 헛되지 않을 것이다."
>
> _프랭크 로이드 라이트

야외 활동을 즐기며 사는 사람들은 하나같이 순수한 아이들처럼 눈동자가 반짝거리고, 표정이 밝다. 야외 활동은 단순히 즐거운 시간을 보내는 것을 넘어 뇌 건강을 지키고, 마음의 평화를 찾아주고, 삶의 의미를 발견할 수 있는 행복을 찾아가는 여정이라고 할 수 있다.

일기 예보를 반드시 확인하고,
활동에 필요한
안전장비를 챙긴다.


활동 전후에 스트레칭으로
근육을 풀어주고,
충분한 수분을 섭취한다.


즐거웠던 순간들을
사진이나 영상으로 기록하고,
함께 활동한 사람들과
추억을 공유한다.

# 나는 일상에서 작은 행복을 발견한다

나는 일상에서 작은 행복을 찾으려 노력하는가?
반복되는 일상이 지겨워서 행복이 찾아와주기만을 기다리며,
눈앞의 소중한 행복을 놓치고 있지는 않는가?

역사학적 측면에서 인류 발전사를 보자면 농업혁명, 도시 국가의 탄생, 제국주의의 등장, 르네상스, 종교개혁, 산업혁명, 세계대전, 냉전시대, 정보화혁명 등과 같은 굵직굵직한 사건들을 나열할 수 있지만 대다수 사람은 일상적 경험 속에서 삶을 영위해왔다.

중세 유럽의 농민들은 가혹한 노동과 자연재해, 전염병을 겪으면서도 가족과의 시간, 종교 축제, 계절의 변화 등과 같은 일상의 경험에서 위안을 얻었다. 이처럼 일상의 작은 행복은 역사 속에서 인류가 고난을 이겨내고 삶을 지속할 수 있도록 하는 원동력이었다. 예를 들어 가족과의 식사, 친구와의 대화, 이웃과의 인사 등의 일상 속 작은 행복은 사회적 존재로서의 정체성을 확인하고 소속감을 느끼게 하여 사회적 관계를 강화한다.

프랑스의 사회학자 에밀 뒤르켐은 사회적 연대감이 행복에 중요한 역할을 한다고 주장했고, 긍정심리학의 대가인 마틴 셀리그만은 일상에서 반복되는 작고 긍정적인 경험이 전체적인 행복에 기여한다고 밝혔다. 예를 들어서 매일 감사 일기를 쓰거나 소소한 성취감을 인식하

는 것만으로도 개인의 전반적인 행복도가 증가한다는 것이다.

또한 프리드리히 니체는 행복은 외부적 조건이나 목표에 의해 결정되는 것이 아니라, 스스로 삶의 의미를 부여하고 그것을 추구하는 과정에서 얻어진다고 주장했다.

뇌과학 연구에 따르면, 일상에서 작은 행복을 발견할 경우 도파민이라는 신경전달물질을 분비해 보상시스템을 활성화시킨다. 햇볕을 쬐거나 운동·명상 등을 통해서 작은 행복을 발견할 경우에는 세로토닌이 분비되며, 사랑하는 사람과의 교감이나 봉사 활동 같은 사회적 유대감 등을 통해서 작은 행복을 발견할 경우에는 옥시토신이 분비된다. 이러한 신경전달물질의 분비는 동기를 부여해서 반복적인 행동을 촉진하고 일상에서 더 많은 긍정적인 경험을 찾으려는 시도를 부추기는데, 이러한 행위는 개인의 전반적인 행복감 증가로 이어진다.

노벨경제학상을 수상한 대니얼 카너먼의 연구에 따르면, 일상의 작은 기쁨들이 모여 전체적인 삶의 만족도를 높이는 데 기여한다고 한다. 예를 들어 맛있는 음식을 먹거나 좋아하는 음악을 듣거나 자연을 감상하는 등의 작은 즐거움은 긍정적인 감정을 유발하는데, 이러한 감정을 저금통에 돈을 저축하는 것처럼 꾸준히 쌓아나가다 보면, 전반적인 행복 수준을 높일 수 있다는 것이다.

"행복은 내세의 약속된 땅도 아니며, 어떤 요행으로 주어지는 운명도 아니다. 행복은 오직 스스로가 쟁취하는 것이다.

_버트런드 러셀

일상에서 행복을 발견하고 찾아내지 못한다면 우리는 어디에서 행복을 구할 것인가?

행복은 외부적 조건이 아닌, 우리 내면에서 찾을 수 있는 가장 소중한 가치이다. 행복은 주관적 경험이므로 스스로 찾아내서 내 것으로 하나씩 만들어나가야 한다.

---

일상에서 행복을 발견하기 위한 3가지 행동 지침

- 감사 일기를 쓰며, 하루를 사는 동안 감사했던 일 3가지를 적는다.
- 좋아하는 취미 활동을 하며 자신만의 시간을 갖는다.
- 커피 한 잔, 독서, 음악 감상, 산책 등 일상의 소소한 기쁨을 찾아서 누린다.

# 나는 자주 소중한 사람들과 함께한다

나는 소중한 사람들과 자주 함께하는 시간을 보내고 있는가?
바쁘다는 핑계로 가족은 물론이고 친구들마저 점점 멀어져서
외로움을 느끼고 있지는 않는가?

인류는 오랜 세월 생존을 위해 서로 협력하고, 사회적 유대를 강화하며 집단을 형성해왔다. 이러한 사회적 연결은 인간의 본성에 깊이 뿌리박혀 있으며, 소중한 사람들과의 관계를 통해 우리는 심리적 안정감과 소속감을 얻는다. 소중한 사람들과의 교류는 외로움과 고립감을 해소하고, 자존감을 높이는 데 기여한다.

실존주의 철학가인 마르틴 하이데거는 철학의 가장 근본적인 질문, 즉 '존재란 무엇인가?'라는 질문을 던진다. 그는 인간이란 단순히 자연의 일부가 아니라, 스스로의 존재를 의식하고 질문하는 존재라고 보았다. 이러한 자의식은 고독과 불안을 야기하는데, 고독과 불안을 극복하고 진정한 존재를 실현하기 위해서는 타자와의 관계가 필수적이라고 주장한다. 이때 타자란 나와 다른 존재가 아니라 나의 존재를 성찰하고 확장하는 거울과 같은 존재이다. 즉, 타자와의 만남을 통해 우리는 우리 자신을 더욱 깊이 이해하고, 세상과의 관계를 맺어나갈 수 있다는 것이다. '존재하기 위해서는 함께 존재해야 한다'고 주장한 그는 대화, 공동체, 사랑의 중요성을 강조했다.

행동심리학자인 B. F. 스키너의 강화이론에 따르면, 소중한 사람들과의 긍정적인 상호작용은 서로에게 긍정적 강화가 되어, 관계를 더욱 돈독하게 만들고, 행복감을 증진한다. 또한, 긍정심리학자들의 연구에 따르면, 소중한 사람들과 함께 시간을 보내면서 느끼는 기쁨·사랑·감사 등의 긍정적 감정이 행복감을 증진하고 삶의 만족도를 높인다고 한다.

소중한 사람들과 함께하면 뇌의 행복회로가 활성화되며 각종 신경전달물질이 분비된다. 포옹이나 스킨십을 하면 유대감과 신뢰를 느끼게 해서 '사랑의 호르몬'이라고 불리는 옥시토신의 분비로 스트레스가 해소되며 긴장이 완화된다. 가족과의 식사나 친구와의 즐거운 대화는 뇌의 보상회로를 자극해서 도파민의 분비를 촉진함으로써 행복감을 느끼게 한다. 함께 웃거나 운동을 하며 감정적으로 가까워지면 스트레스와 고통을 줄여주는 엔도르핀이 분비된다.

> "행복은 대개 현재와 관련되어 있다. 목적지에 닿아야 비로소 행복해지는 것이 아니라 여행하는 과정에서 행복을 느끼기 때문이다."
>
> _앤드류 매튜스

멋진 여행을 원한다면 여행의 매 순간을 즐겨야 하듯이, 행복한 삶을 살고 싶다면 행복한 날이 오기를 기다릴 것이 아니라 현재의 삶을 소중히 여겨야 한다. 소중한 사람들과 마주 앉아 눈을 마주치는 이 순간이야말로 지구라는 별에서 남길 수 있는 가장 멋진 추억이 아니겠는가.

소중한 사람들과 즐거운 시간을 함께하기 위한 3가지 행동 지침

함께 시간을 보낼 수 있는
정기적인 만남의 자리를 마련한다.


요리, 운동, 여행, 게임 등
공동의 취미나 활동을
함께 계획하고 실행한다.


함께하는 시간 동안은
스마트폰 등 다른 것을 멀리하고,
상대방에게 온전히 집중한다.

# 나는 여행을 사랑한다

나는 여행을 사랑하는가?
낯선 환경과 낯선 사람이 두려워서 혹은 일상에 지쳐서
여행의 의미를 잊고 있지는 않는가?

인류는 정착 생활을 하기 전, 먹을 것을 찾아 끊임없이 이동하는 삶을 살아왔다. 즉, 탐험과 이동은 인간의 유전자에 깊이 새겨진 본능적 욕구이다.

여행은 우리가 미처 발견하지 못했던 세상의 새로운 모습을 보여준다. 새로운 문화를 접하고 다양한 사람과 교류하다 보면 세상에 대한 이해를 높일 수 있다. 또한 자신의 정체성을 확인하여 가치관을 재정립하고, 새로운 경험을 통해 세계관을 넓힐 수 있으며, 그 과정에서 정신적으로 성장하는 계기를 마련하기도 한다.

역사적으로 여행은 문화, 기술, 사상 등을 전파하는 중요한 매개체였다. 실크로드를 통해 동서양 문명이 교류할 수 있었고, 대항해 시대의 탐험가들은 새로운 대륙을 발견하여 인류의 지평을 넓혔다.

현대에 와서 여행은 주로 스트레스를 해소하거나 휴식을 취하기 위한 수단으로 이용되지만, 그럼에도 불구하고 여행이 중요한 까닭은 새로운 경험이 혁신적 사고와 행동을 촉진하여 개인의 삶을 더욱 풍요롭게 만들기 때문이다.

새로운 환경에서의 경험은 뇌를 자극해 창의성과 문제 해결 능력을 높인다. 여행은 일상에서 벗어나 새로운 자극을 제공함으로써 우울증과 불안을 감소시키고, 새로운 경험을 통해 자존감을 높여주고, 새로운 장소나 새로운 사람 혹은 새로운 음식 등을 통해 다양한 자극을 준다. 이로써 뇌 활동이 활발해져 장기 기억력이 향상된다.

뇌 과학자들은 여행을 권장한다. 새로운 환경에 노출되면 해마의 크기가 증가하고 기억력이 향상된다는 연구 결과도 있다. 또한 여행을 하면 새로운 신경망을 형성하고, 기존의 연결을 강화하는 신경 가소성이 활발하게 진행된다. 이는 뇌 기능을 향상시키고, 인지 능력을 발달시키는 데 도움된다.

또한 여행은 긍정적인 감정을 유발하고, 행복 호르몬인 도파민과 세로토닌 분비를 촉진하여 행복감을 증진시킨다.

> "삶의 여로를 걷는 우리는 여행자이다. 가장 비참한 여행자는 누군가를 따라가는 인간이며, 가장 위대한 여행자는 습득한 모든 지혜를 남김없이 발휘하여 스스로 목적지를 선택하는 인간이다."
>
> _프리드리히 니체

니체는 시대를 앞서간 사상가이자 열정적인 여행가였다. 알프스 산맥을 오르고, 지중해를 항해하며, 이탈리아의 아름다운 풍경 속에서 사색했다. 그는 여행을 삶 자체라고 보았다. 인간은 새로운 환경 속에서 끊임없이 변화하고 성장하는 존재이기 때문에, 삶 전체가 하나의 여정이라는 것이다. 인간은 자신의 한계를 넘어서서 더 나은 존재가 되기 위해 나아가야 하는데, 여행은 자기 극복을 위한 중요한 수단이다. 니체는 여행 중 고독한 시간을 통해 자신을 깊이 성찰하고, 새로운 사상을 탐구했는데, 그의 많은 저서가 바로 고독한 사색의 결과물이다.

현대 사회는 물질적 소유보다 경험을 중시하는 경향이 강해지고 있다. 여행은 새로운 지식과 경험을 쌓는 과정이고, 스스로를 깊이 이해하고, 세상과의 관계를 확장하며, 삶의 의미를 찾을 수 있는 소중한 시간이다.

행복한 삶을 사는 사람들은 여행을 즐긴다. 그들은 여행을 통해서 인생의 가치와 현재의 소중함을 깨닫는다.

**여행을 사랑하기 위한 3가지 행동 지침**

- 여행지에 대한 다양한 책을 읽으며 여행 기대감 높이기.
- 불필요한 짐을 줄이고, 편안한 복장으로 가볍게 떠나기.
- 현지인과 대화하고, 현지 음식을 먹고, 대중교통을 이용하며 현지인처럼 일상을 경험해보기.

# 나는 버킷리스트를 지워나가고 있다

나에게는 버킷리스트가 있는가?
꿈이나 목표도 없고, 딱히 해보고 싶은 것도 없이
그저 힘겨운 하루하루를 살아가고 있지는 않는가?

인류는 오래전부터 목표를 설정하고, 이를 달성하기 위해 노력해왔다. 버킷리스트는 단순히 하고 싶은 일들의 목록이 아니라 개인의 욕구와 열망을 구체화한 것으로, 자신의 삶을 주도적으로 설계하고 잠재력을 발휘하여 성장하는 데 기여하는 도구이다.

심리학에서는 버킷리스트가 개인의 내적 동기와 목표를 구체화하는 도구로 작용한다고 보고 있다. 목표 설정 이론에 따르면 명확한 목표는 동기부여와 성과를 높이는 데 중요한 역할을 한다. 버킷리스트를 하나씩 달성해나가다 보면 자기 효능감이 높아지고, 삶의 만족도나 행복감 또한 증진된다.

버킷리스트를 만들고 하나씩 지워 나가는 삶이 중요한 까닭은 행동 변화를 위한 효과적인 방법이기 때문이다. 작은 성공 경험은 그 자체로도 의미있지만 더 큰 목표를 달성할 수 있다는 자신감을 주고, 긍정적인 행동 습관의 형성에 도움을 주며, 내면에 잠들어 있는 잠재력을 일깨워 자기 성장의 계기가 된다.

경제학자들의 연구에 따르면, 물질적 소비보다 경험 소비가 더 큰 행복을 가져다준다고 한다. 버킷리스트는 경험을 중시하는 일종의 가치 소비라고 할 수 있는데, 이러한 소비 형태는 지속 가능한 행복을 추구하는 현대 사회의 트렌드와 맞닿아 있다.

> "인간은 자기 자신을 갈고닦아서 아름다운 조각품으로 만들어야 하는 존재이지, 모서리를 깎아서 자신을 없애는 존재가 되어서는 안된다."

_키르케고르

19세기 덴마크의 종교 사상가이자 실존주의 철학의 선구자로 불리는 키르케고르는 과학적 진리처럼 누구에게나 동일하게 적용되는 '객관적 진리'가 아닌 개인이 직접 체험하고 내면화된 진리, 즉 개인의 신앙과 선택을 통해 얻어지는 '주관적 진리'를 찾아야 한다고 주장했다. 버킷리스트는 개인 스스로 삶의 의미를 찾고, 주관적인 진리를 발견하고 실현하는 데 도움을 준다.

때로는 작은 즐거움이 삶을 살아가는 원동력이 되기도 하고, 더 멋진 인생을 위한 발판이 되기도 한다. 버킷리스트를 지워나가다 보면 막연하게 느꼈던 행복이 한 마리 새처럼 날아와 자신의 가슴에 깃드는 순간과 마주하게 되리라.

버킷리스트를 실천하기 위한 3가지 행동 지침

리스트를 중요도와
시기에 따라 우선순위를 매기되,
실천 가능한 항목을 앞쪽에 둔다.


목표가 클 경우,
작은 단계로 나눠서
실천한다.


진행 상황을 기록하고,
필요한 경우
주변에 도움을 요청하거나
계획을 수정한다.

# 나는 다양한 취미 활동을 즐긴다

나는 취미 생활을 즐기며 살아가고 있는가? 귀찮기도 하고
삶의 여유도 없어서, TV를 보거나 휴대폰을 만지작거리며
여가 시간을 탕진하고 있지는 않는가?

인간은 본능적으로 놀이를 즐기는 존재이다. 취미 활동은
놀이 본능을 충족시킴과 동시에 삶에 활력을 불어넣어준다.

혼자 즐기는 취미 생활은 스트레스를 해소하고 집중력을 발휘할 수
있다. 함께 즐기는 취미 생활은 서로에게 동기를 부여할 수 있어 지속
가능성이 높으며, 정보를 공유할 수 있고 사회적 유대감과 소속감을
느낄 수 있다.

현대 사회는 일과 삶의 균형을 추구하므로, 취미 활동은 스트레스
해소와 함께 삶의 질을 높이는 중요한 수단이라고 할 수 있다. 새로운
취미를 배우고, 점점 잘하게 되면 자신감과 함께 자기 효능감이 향상
된다. 자기 효능감이 높아지면 삶에 대한 주도권이 생기고, 고난을 이
겨내는 회복 탄력성 또한 높아진다.

취미 활동을 통해 얻은 즐거움이나 성취감은 긍정적인 강화 효과를
일으킨다. 이러한 긍정적 경험은 취미 활동을 반복하도록 유도해, 습
관 형성에 기여한다. 습관은 의식적인 노력 없이도 행동을 유발하기
때문에 삶의 질을 향상시키고, 행복감을 증진시킨다.

**"좋은 인생은 단순한 행위가 아니라 나의 습관에 의해 만들어진다."**

_미하이 칙센트미하이

형가리 출신인 미국의 긍정심리학자 미하이 칙센트미하이는 '몰입(flow)'이라는 개념을 제시하여 인간의 행복과 창의성에 대한 이해를 높이는 데 기여했다. 그의 이론에 따르면 자신이 좋아하는 일에 몰두하는 상태인 '몰입'은 행복감을 느끼게 하는 강력한 요인 중 하나이다.

취미 활동을 하면 몰입을 경험할 수 있는데, 몰입을 통해 우리는 삶의 주인공이 되어 자신을 발전시킬 수 있고, 더 나아가 삶의 만족도를 높일 수 있다. 새로운 것을 배우고 경험하는 취미 활동은 뇌의 구조와 기능을 변화시킨다. 기억력, 집중력, 창의성 등이 향상되고 도파민, 엔도르핀, 세로토닌과 같은 행복 호르몬의 분비를 도와 심리적 안정감과 함께 삶의 만족감을 준다.

행복한 삶을 살고 싶다면 항상 새로운 것을 배우려고 노력해야 한다. 그 작은 노력이 행복의 씨앗이기 때문이다.

---

취미 활동을 즐기기 위한 3가지 행동 지침

• 나의 성격, 관심사, 흥미를 느끼는 분야, 재능이 있는 분야 등을 먼저 파악한다.
• 미술관, 박물관, 공원 등 다양한 곳을 방문하고 워크숍 등에 참여하여 영감을 얻는다.
• 오픈마인드로 꾸준히 새로운 것을 시도해보고, 자신에게 잘 맞는 방법을 찾는다.

# 나는 재능을 발휘하며 산다

나는 재능을 발휘하며 살아가고 있는가?
마음 한구석에 이루지 못한 꿈과 함께 묻어둔 채
나의 재능과는 전혀 상관없는 일들을 하며
하루하루 인생을 소진하고 있지는 않은가?

인간은 누구나 고유한 잠재력과 함께, 이를 발현하고 성장시키려는 욕구를 지니고 있다. 자신의 재능으로 사회에 기여하고 인정받음으로써 자존감을 높이고 삶의 의미를 찾으려는 시도는 지극히 자연스러운 현상이다.

개인의 재능 발휘는 새로운 아이디어를 제시하고, 문화 발전에 기여하며, 사회에 활력을 불어넣을 뿐만 아니라, 개인의 행복과 성장에도 기여한다. 공동체 발전에 도움이 되므로 창의성과 독창성을 지닌 개인을 높이 평가해서, 사회에서 중요한 위치를 차지하기도 한다.

역사적으로도, 새로운 시대를 열고 사회를 변화시킨 인물 대부분은 자신의 재능을 통해 새로운 가치를 창출하고 사회 시스템을 개선하는 데 기여했다. 이들의 재능은 문화유산으로 남아 후세에 영감을 주었고, 인류의 지식과 문화를 풍성하게 했다.

현대인은 물질적 풍요를 넘어 자기실현, 소속감, 행복 등의 정신적 가치를 중요하게 여긴다. 재능 발휘는 자기실현의 도구이고, 소속감을 느낄 수 있고, 성취감과 몰입을 통한 행복을 얻을 수 있으며, 경제적 자립을 통한 삶의 주도권을 쥘 수 있는 기회이다. 즉, 다양한 분야에서 경쟁이 치열해지고 있는 현대 사회에서 차별화된 재능은 경쟁력을 높이는 중요한 요소이기도 하다.

심리학자 앨버트 반두라는 '자기 효능감'이라는 개념을 통해, 개인이 자신의 능력을 신뢰하고 목표를 달성할 수 있다고 믿을 때, 긍정적인 감정과 성취감을 경험한다고 주장했다. 재능 발휘는 자기 효능감을 증진하므로, 삶의 만족감 또한 올라간다.

재능은 하루아침에 완성되지 않는다. 수많은 반복과 연습을 통해서 점차 향상되게 마련이다. 뇌 영상 연구를 통해 밝혀진 사실에 따르면, 뇌는 사용하면 할수록 발달하는 신경 가소성을 지니고 있어, 몰입을 통해 좀 더 효율적으로 작동하며 새로운 신경 연결망을 형성한다. 따라서 선천적 재능이 없다 하더라도 포기하지 않고 지속적으로 훈련하면 후천적 재능을 기를 수 있다.

재능을 발휘할 때면 뇌의 특정 부위가 활성화된다. 예컨대 음악을 연주하면 청각피질과 운동피질이 활성화되고, 수학 문제를 풀면 전두엽이 활성화된다. 재능을 발휘해서 소기의 목적을 달성할 경우, 도파민과 세로토닌 같은 신경전달물질이 분비되어 긍정적 감정을 촉진하며, 행복감을 높인다.

"재능이 있거든 가능한 모든 방법으로 사용하라. 쌓아두지 마라. 구두쇠처럼 아껴 쓰지 마라. 파산하려는 백만장자처럼 아낌없이 써라."

_브렌단 프랜시스

실존주의 철학가들은 인간은 스스로 삶의 의미를 만들어가야 한다고 주장했는데, 재능을 발휘하여 삶에 의미를 부여하는 것은 자기실현을 위한 확실한 방법 중 하나이다.

행복한 삶을 살고 싶다면 자신이 지닌 재능을 발견해서 꾸준히 발전시킬 필요가 있다. 그 과정에서 삶의 목적을 찾고, 자아를 발견하고, 삶의 의미를 부여할 수 있기 때문이다.

**재능을 발휘하는 삶을 위한 3가지 행동 지침**

- 내가 무엇을 좋아하는지 파악해서 숨겨진 재능을 찾아낸다.
- 목표를 세운 뒤, 재능을 성장시킬 수 있는 구체적인 방법을 모색한다.
- 다양한 경험을 통해 재능을 다각도로 발휘해보고, 새로운 시각과 피드백을 얻는다.

# 나는 매일 감사 일기를 쓴다

나는 감사 일기를 쓰며 감사하는 삶을 살고 있는가?
감사할 일이 있을 때만 감사해하고, 감사할 일이 없을 때는
온갖 불평불만을 늘어놓으며 살아가고 있지는 않는가?

감사 일기는 단순히 일상을 기록하는 행위를 넘어 긍정 마인드를 키우고, 스트레스를 완화한다. 또한 우리의 심리 상태에 긍정적인 영향을 미쳐서 삶을 변화시켜, 궁극적으로는 삶의 만족도와 행복감을 높이는 강력한 도구이다.

공동체 의식이 강했던 초기 인류 사회에서 서로에게 감사를 표현하는 일은, 신뢰와 협력을 증진함으로써 생존에 필수적인 요소였다. 개인주의가 심화된 현대 사회에서 감사의 표현은 생존에 필수 요소는 아니지만, 건강한 인간관계를 형성하고 유지하는 데 중요한 요소가 되었다. 따라서 감사 일기를 쓰는 행위는 긍정적 자기 인식과 타인에 대한 긍정적 감정을 증진하여 공동체 의식을 되살리고, 타인과의 관계를 돈독히 하여 사회적 유대감을 강화하는 현명한 수단이다.

감사 일기는 삶의 연속성을 인식하게 하여 자존감을 높이고, 삶의 목표를 설정하는 데 도움이 된다. 과거의 자신과 현재의 자신을 비교할 수 있어 변화와 성장을 느낄 수 있고, 삶의 의미를 발견할 수도 있다.

긍정 심리학자들의 연구에 따르면 감사 일기가 긍정적 경험에 집중하고 긍정적 사고방식을 갖게 함으로써, '긍정적 편향'을 강화하여 행복감을 증진하는 것으로 나타났다. 불안이나 우울 등과 같은 부정적인 감정은 줄어들고 감사나 기쁨과 같은 긍정적인 감정은 증가하여, 스트레스 호르몬인 코르티솔의 수치가 낮아지고 행복 호르몬인 세로토닌과 도파민의 수치가 높아진다는 것이다. 또한 수면의 질이 향상되고 면역력이 증가하며, 어려운 상황에서도 감사할 점을 찾아내는 습관이 형성되면 역경을 극복하는 회복 탄력성이 발달한다고 한다.

> "삶을 바꾸기 위해 할 수 있는 일 중 하나는 가진 것에 감사하는 마음이다. 많이 감사할수록 더 많이 얻게 될 것이다."
>
> _오프라 윈프리

프리드리히 니체는 고통과 비극 또한 삶의 일부라고 보았다. 이를 회피하거나 부정하려는 태도는 삶을 더욱 고통스럽게 만들 수 있으며, 이를 적극 수용할 때 더욱 강해지고 성숙해질 수 있다는 것이다.

철학적 관점에서 감사는 존재론적 인식의 전환을 의미한다. 감사하는 행위는 당연하게 여겨지는 것들을 새로운 시선으로 바라보게 하는데, 이는 나와 타인이나 세상과의 관계에 대한 깊은 통찰을 제공한다. 이처럼 감사 일기는 행복한 삶을 위한 훌륭한 수단이자 더 나은 세상을 만들기 위한 방법이기도 하지만, 궁극적으로는 삶의 의미를 탐구하고 존재론적 질문에 대한 답을 찾아가는 과정이기도 하다.

행복한 삶을 원한다면 감사 일기를 써라. 일기를 쓴 햇수가 늘어날수록 인생도 바뀌고, 세상도 바뀌는 것을 체감할 것이다.

매일 감사 일기를 쓰기 위한 3가지 행동 지침

• 쓸 내용이 없더라도, 정해진 시간에 감사 일기를 쓰는 습관을 기른다.
• 구체적으로 상세하게 쓰되, 부정적인 표현보다는 긍정적인 표현을 사용한다.
• 어려움 속에서도 감사한 일을 찾아 버릇하고, 작은 일에도 감사하는 마음을 갖는다.

# 나는 정기적으로 봉사 활동을 한다

나는 정기적으로 봉사 활동을 하고 있는가?
서른이 넘은 지금도 개인의 행복과 봉사 활동이
별개라고 생각하지는 않는가?

　　인류의 삶을 설명하는 데서 공동체 의식과 유대감을 빼놓을 수 없다. 이웃을 돕고 공동체를 위해 헌신하는 것은 사회 구성원으로서의 의무이기도 하지만, 행복한 사회를 만드는 데 기여함으로써 느끼는 소속감과 자아 존중감은 궁극적으로는 개인의 행복을 증진시킨다.

　봉사 활동은 신뢰, 협력, 사회적 지지 등을 의미하는 사회적 자본을 증대시켜 개인의 삶의 질을 향상시킴과 동시에 사회 발전에 기여한다. 타인을 돕거나 사회에 기여하는 봉사 활동을 하면 자신이 세상에 유용한 존재라는 사실을 깨닫게 됨과 동시에 자존감이 높아지고 삶에 의미를 부여하게 되어 만족감 또한 향상된다.

　봉사 활동을 통해 느끼는 뿌듯함·만족감·행복감 등과 같은 긍정적 정서는 우울이나 불안 같은 부정적인 감정을 완화하고, 정신 건강을 증진시키며, 사회적 고립감을 해소하는 데 도움이 된다. 봉사 활동을 하면 뇌에서는 쾌감과 보상을 느끼게 하는 도파민과 사회적 유대감을 형성하는 옥시토신이 분비된다. 또한 봉사 활동은 자발적 행위이므로 계획, 판단, 문제 해결 등과 관련된 전두엽을 활성화하여 뇌 기능이 향상된다. 또한 타인의 어려움을 직접 경험하고 그들의 입장에서 생각하고 이해하는 과정을 통해 공감 능력이 발달하고 사회성이 증진된다.

> "사랑은 그 자체로 머무를 수 없다. 만약 그 자체로 머무른다면 아무 의미가 없다. 사랑은 행동으로 이어져야 하고, 그 행동이 바로 봉사이다."
>
> _마더 테레사

마더 테레사의 말처럼, 사랑은 행동으로 이어져야 한다. 봉사 활동은 타인을 돕는 행위임과 동시에 자신의 인생에 새로운 의미를 부여하고, 더 나은 사람으로 성장할 기회를 제공한다.

진화론적 관점에서 볼 때 인간은 사회적 동물이기 때문에 공동체 유지와 발전이 개인의 생존과 직결된다. 봉사 활동은 공동체의 유대감을 강화하고 사회 발전에 기여함으로써 궁극적으로 인류의 번영에 기여한다.

과거에는 개인주의가 강조되고 개인의 행복에만 관심이 높았다. 그러나 현대 사회에서는 공동체 의식과 함께 지속 가능한 발전에 대한 관심이 높아지면서, 행복에 대한 가치관 또한 변화하고 있다. 따라서 과거처럼 개인의 행복만 추구해서는 진정한 행복에 도달할 수 없다. 개인의 행복과 함께 공동체에 기여할 때 비로소 진정한 행복을 느낄 수 있다.

관심 있는 분야나
자신의 재능 혹은 경험을
살릴 수 있는 분야에서
봉사 활동을 찾는다.


무리하지 않는 선에서
실천 가능한 목표를 정하고,
참여 횟수와 봉사 시간을 결정한다.


함께할 사람을 찾아보고,
지속적 봉사가 가능한
봉사 동아리에 가입한다.

# CHAPTER 5

# 나는 감정을 잘 다스린다

감정의 절제는
기쁜 마음에 재를 뿌리는 것이 아니다.
어떤 상황에서도 스스로를 통제하고
사려 깊게 행동하는 것이다.

_마티아스 뇔케

# 나는 실망했을 때 숨을 깊게 들이마신다

나는 실망했을 때 어떻게 대처하는가?

실망은 누구에게나 찾아오는 일상적 감정이지만, 이를 어떻게 다루느냐에 따라 삶의 방향이 달라질 수 있다.

실망은 기대와 현실의 간극이 클 때 느끼는 감정이다. 목표를 달성하지 못했거나, 자신의 가치관과 어긋난 행동을 했거나, 타인의 말과 행동이 기대에 미치지 못했을 때, 미래에 대한 불안감이나 불확실성이 커졌을 때 실망감을 느낀다. 실망은 시간이 지나면 완화되기도 하지만 때로는 분노, 슬픔, 무력감, 자책감 등 다양한 부정적 감정으로 이어져 일상생활에 어려움을 초래할 수 있다.

실망한 상태에서는 정상적인 사회생활이 어렵다. 목표 달성 의지가 꺾여서 무기력감에 빠지게 되고, 타인에 대한 신뢰가 낮아져서 대인관계가 소원해진다. 만성적 실망은 우울증이나 불안장애와 같은 정신건강 문제로 이어질 수 있다.

실망은 인생에서 피할 수 없는 감정이다. 하지만 어떻게 이 감정을 다루느냐에 따라 삶의 질이 달라질 수 있다. 현명한 사람은 실망을 성장의 기회로 삼아 인생을 변화시킨다.

인류 역사를 살펴보면 전쟁, 기근, 자연재해 등 수많은 고난 속에서도 인류는 끊임없이 혁신하고 발전해왔다. 이러한 과정에서 실망은 불가피했지만, 인류는 이를 극복하고 새로운 문명을 건설하며 살아남았다. 실망이라는 부정적 경험을 학습 기회로 전환하고, 이를 통해 얻은 교훈을 바탕으로 새로운 도구를 개발하고, 사회구조를 개선해서 더 나은 미래를 만들어갈 수 있었다.

성장 마인드를 지닌 사람들은 자신의 노력에 따라 능력 또한 발달할 수 있다고 믿기 때문에 실망스런 상황에 처할지라도 현실을 탓하거나 두려워하지 않는다. 실망을 통해 자신에 대한 이해도를 높이고, 자신의 한계를 극복하려는 노력을 기울인다. 이러한 노력은 실망을 극복하는 과정에서 문제 해결 능력을 높이며, 자신감을 얻고, 스트레스에 대한 저항력을 키워 회복 탄력성을 증진한다.

장 폴 사르트르, 프리드리히 니체 같은 실존주의 철학가들은 인간은 스스로 삶의 의미를 찾아야 한다고 주장했다. 실존주의 관점에서 본다면 실망은 삶의 부조리함 또는 예측 불가능성과의 대면이다. 인간은 이러한 대면을 통해 자신의 자유를 행사하고 가치를 입증할 기회를 얻게 된다. 실망을 성장의 계기로 전환하는 것은 자기 창조의 행위이며, 이를 통해 삶의 목적과 방향을 다시 정의하게 된다.

"나는 절대 실망하지 않는다. 잘못된 시도로 실패한 것은 성공을 향해 한 걸음 더 나아가는 밑거름이 되기 때문이다."

_토머스 A. 에디슨

실망했을 때 숨을 깊게 들이마시고 두 주먹을 불끈 쥐는 행위는 실망한 상태에 머물지 않고, 성장의 계기로 전환하겠다는 의지의 표현이다.

인간은 불완전한 존재로서 다양한 감정을 지니고 있다. 부정적인 감정을 그대로 받아들이면 절망의 늪에 빠지게 되고, 그 감정을 하나씩 극복해나갈 때 성취감과 함께 비로소 존재의 의미를 깨닫게 된다.

**실망을 극복하기 위한 3가지 행동 지침**

- 실망을 부정하거나 외면하기보다 있는 그대로 받아들인다.
- 실망한 구체적 이유나 원인을 분석해본다.
- 실망스러운 상황일지라도 긍정적인 측면을 찾아보고, 그것에 집중한다.

# 나는 불안을 다스리는 노하우가 있다

나는 불안할 때 어떻게 대처하는가?

불안은 미래에 대한 걱정이나 불확실성으로 인해 느끼는 불편하고 불쾌한 감정이다. 다가올 중요한 시험을 앞두고 느끼는 긴장감과 비슷하지만 그 정도가 심하고 지속될 때 불안 장애라고 한다.

불안의 발생 요인으로는 예측이나 통제가 불가능한 미래에 대한 두려움, 과거의 트라우마나 부정적인 경험, 호르몬의 변화나 신체 질환 등의 생리적 요인, 직장이나 대인 관계 및 경제적 어려움 등으로 인한 스트레스 등을 들 수 있다. 이러한 불안은 적절히 대처하면 완화되거나 사라지지만, 방치할 경우 만성화될 수 있으며 우울증·불면증·신체 질환 등 다양한 문제를 일으킬 수 있다.

불안이 지속될 경우 대인 관계에 어려움을 겪게 되면서 고립감을 느낄 수 있고, 집중력이 떨어지고 의사소통 장애 등으로 업무 효율이 저하된다. 신체에도 변화가 일어나 두통, 수면 장애, 면역력 저하 등으로 일상생활에 어려움을 겪는다.

신경과학에서는 불안이 뇌의 특정 부위와 신경전달물질의 불균형에 의해 발생한다고 보고 있다. fMRI(기능적자기공명영상) 연구에 따르면, 불안을 느낄 경우 판단·의사 결정·감정 조절 등의 기능을 담당하는 전전두엽이 비활성화되어 판단력 저하가 발생하고 충동적인 행동을 할 가능성이 높아진다. 반면 공포와 불안을 처리하는 편도체와 기억과 학습에 관여하는 해마가 활성화되어 실체보다 부풀리면서 위협에 대한 경계심을 높이게 된다. 또한 세로토닌, 노르에피네프린, 도파민 등의 신경전달물질의 불균형은 불안을 유발하거나 악화시킬 수 있는데 특히, 세로토닌 부족은 우울증이나 불안과 깊은 관련이 있다.

정신분석학에서는 불안을 무의식적 욕구와 갈등에서 비롯된다고 보고, 과거의 경험을 탐색해서 재해석을 통해 불안을 치료한다. 또한 행동주의 치료에서는 불안을 학습된 반응으로 보고 자극에 대한 노출을 통해 불안을 줄인다. 인지행동치료에서는 불안을 비합리적인 생각에서 비롯된다고 보고 잘못된 생각을 바꿔서 현실적인 문제 해결 능력을 향상시킨다.

> "우리들은 상처 입는 것보다 더 자주 오싹한 공포에 사로잡힌다.
> 그 이유는 우리들의 고뇌라는 것이 현실보다는 공상이나 환상에
> 서 많이 생기기 때문이다."
>
> _세네카

세네카의 말처럼 불안은 종종 현실보다는 우리의 상상 속에서 더 커지곤 한다. 이는 뇌 과학 연구 결과와도 일맥상통한다.

불안은 단순히 심리적인 문제가 아니라 뇌의 복잡한 신경 회로와

생물학적 시스템과 깊이 연결된 현상이다. 또한 인간이라는 존재의 근본적 질문과도 맞닿아 있다.

불편하다고 해서 인간의 삶을 불안과 격리할 수는 없다. 만약 인간의 삶 속에서 불안이 완전히 사라진다면 수많은 사람이 교통사고로 사망하고, 낙사나 익사의 위험이 높아질 것이다.

그렇다고 해서 불안에 사로잡혀 있어서는 제대로 된 인생을 살아갈 수 없다. 불안은 그림자처럼 우리를 따라다니지만 그것을 부정적 감정으로 바라보기보다는 자신을 이해하고 수용하는 과정으로 받아들일 필요가 있다.

나 자신을 제대로 이해하고 나면 불안을 다스리는 수많은 방법 중에서 비로소 나만의 노하우를 만들 수 있다.

---

**불안을 극복하기 위한 3가지 행동 지침**

- 불안은 자연스러운 감정임을 인정하고 억누르려고 하기보다는 그대로 느껴 본다.
- 명상, 요가 등을 통해 마음을 안정시키고 현재에 집중하는 연습을 한다.
- 자신에게 맞는 운동을 꾸준히 하면서 평상심을 유지한다.

# 나는 비판을 성장의 밑거름으로 삼는다

비판은 상처인가, 성장의 기회인가?
나는 비판을 받으면 어떻게 대처하는가?
붉으락푸르락해진 얼굴로 즉각 반격 내지는 응징에 나서지는 않는가?

비판은 개인의 가치관에 따라 받아들이는 방식과 강도가 다르지만 대다수는 불쾌한 경험으로 인식한다. 비판을 받으면 수치심이나 분노 혹은 불안과 함께 본능적으로 자신을 보호하려는 방어적 감정이 생긴다. 그래서 비판을 부정하거나 즉각 반박하고 싶은 감정에 빠져든다.

일정한 시간이 지나면 감정이 가라앉으며 좀 더 객관적인 시선으로 상황을 바라보게 되고, 상대방의 비판에 대해 곰곰이 생각한다. 여기서 비판을 거부하는 사람과 수용하는 사람으로 갈린다.

비판을 거부할 경우, 자신의 부족한 점을 개선할 기회를 놓쳐 성장이 정체될 수 있다. 그런데 대부분 비판 자체를 부정하거나 남 탓을 하면서 자신을 보호하려는 태도를 취한다. 비판한 사람이나 비판의 원인을 제공한 사람 혹은 자신의 편을 들어주지 않았던 주변 사람을 비난하기도 하는데, 이런 경우 대인 관계가 나빠질 수도 있다. 또한 지속적인 비판에 노출되면 스트레스가 증가하고, 우울증이나 불안 등의 정신적 문제로 이어지기도 한다.

성장 마인드를 지닌 사람들은 비판을 적극적으로 수용해서 자기 성찰의 기회로 삼는다. 자신의 부족함을 객관적인 시선으로 바라보며 개선점을 찾아낸다. 겸손한 태도로 비판을 받아들이면 성숙한 인격을 지닌 사람이라는 인상을 심어주어서, 대인 관계가 더욱 원만해지고 자존감이 향상된다.

> "비판을 회피하려는 의식적·무의식적인 노력은 당신의 창조적 사고를 뒤엎거나 질식시키며, 당신이 꿈을 성취하려고 시도해보기도 전에 출발을 방해한다."
>
> _스티븐 K. 스콧

성경의 잠언을 연구해 성공 비결을 배웠다는 미국의 마케팅 전문가이자 베스트셀러 작가인 스콧의 말처럼, 비판을 회피하는 것은 우리의 성장을 가로막는 장애물이 될 수 있다.

철학자들은 비판을 단순히 타인의 의견을 반박하는 행위를 넘어 자기 성찰의 기회요 지식의 성장과 사회 발전을 위한 필수 요소로 여겨왔다. 칸트의 '순수이성비판', '실천이성비판', '판단력비판'만 보더라도 비판적 사고를 기반으로 하고 있다.

비판에 효과적으로 대처하기 위해서는 먼저 감정을 가라앉혀야 한다. 숨을 길게 내쉬고 천천히 들이마시면, 긴장이 완화되면서 뇌가 안정된다. 긍정적인 자기대화는 비판에 대한 시각을 바꾸거나 수용하는 데 도움 된다.

비판을 나에 대한 전면 공격으로 받아들이면 감정이 격해지면서 스트레스 호르몬인 코르티솔의 분비가 활발해진다. 인간은 누구나 불완전한 존재이다. 상대방의 비판을 나에 대한 공격이 아니라 나의 부족한 작은 부분을 일깨워주거나 상황이 좋지 않음을 알려주기 위한 진정 어린 충고로 겸허히 받아들이면, 한층 더 성장하는 계기가 된다.

인간을 성장시키는 것은 짧은 순간들이다. 그 순간을 감정적으로 대처하느냐, 깨달음의 기회로 삼느냐에 따라서 사람의 크기가 달라진다.

**비판을 성장의 밑거름으로 삼기 위한 3가지 행동 지침**

- 즉각적인 반응은 자제하고, 비판의 의도를 파악한다.
- 정확한 피드백을 요구하고, 객관적인 시선으로 개선점을 찾는다.
- 감사하는 마음으로 구체적인 개선 계획을 세운다.

# 나는 질투를 성공을 위한 동기부여로 삼는다

질투는 독일까, 약일까?
나는 질투를 느낄 때 어떻게 반응하는가?

질투는 주로 다른 사람과의 비교에서 오는 열등감이나 상실감, 그로 인한 자존감 저하 그리고 상대적 소외감 등이 주요 원인이다. 또한 미래에 대한 불안, 과거의 상처나 트라우마가 질투를 더욱 부추기기도 한다.

질투의 가장 큰 폐해는 자신과 타인에게 해를 끼친다는 점이다. 다른 사람에 대한 부정적인 감정은 불신으로 이어져 대인 관계에 어려움을 겪게 된다.

질투를 방치할 경우 이 감정은 더욱 강렬해져서 증오, 시기, 복수심으로 변화할 수 있다. 이러한 부정적인 감정은 우울증, 불안증, 강박적인 행동이나 사고로 이어질 수 있다. 결국 주변 사람들에게 피해를 입힘과 동시에 자신을 고립시키는 결과를 가져온다.

과도한 질투는 관계를 손상하고, 자기 비하나 자기 파괴로 이어져 삶의 질을 떨어뜨린다. 그렇다고 해서 질투가 반드시 나쁜 것만은 아니다. 질투를 잘 다스리면 성장 에너지가 된다. 다른 사람의 성공을 보면서 발전을 위한 동기를 부여받을 수 있고, 질투를 통해 자신이 진정으로 원하는 것이 무엇인지 깨달을 수 있다.

부정적인 마인드를 지닌 사람은 질투를 느낄 때 타인을 비난하거나 깎아내리려는 경향이 있다. 또한 자기 비하가 심해서 질투를 극복하지 못하고 열등감에 빠진다. 반면 긍정적 마인드를 지닌 사람은 질투를 느낄 때 다른 사람의 성공을 본보기 삼아 자신의 목표를 재정비하여 발전의 기회로 활용한다. 그리고 자신이 가진 것에 대해 다시 한 번 감사하며, 자신만의 꾸준한 성장을 추구해나간다.

심리학에서는 질투를 사회적 비교와 깊이 연결되어 있는 감정으로 해석한다. 즉, 타인과 자신을 비교하면서 자신이 부족하다고 느낄 때 질투심이 발생한다는 것이다. 따라서 자존감이 낮은 사람, 미래에 대한 불안이나 불확실성이 큰 사람들이 자신의 욕구가 충족되지 못할 때 강렬한 질투를 느낀다고 한다.

한편, 철학에서는 질투를 인간 본성의 어두운 측면으로 보며 행복을 방해하는 가장 큰 장애물 중 하나라고 해석한다.

**"질투가 없는 사랑은 진정한 사랑이 아니다."**

_《탈무드》

질투는 인간의 보편적인 감정으로, 사랑과 밀접한 관련이 있다. 이성적인 사랑뿐만 아니라, 직업이든 물건이든 간에 진심으로 사랑한다면 질투심을 느낄 수밖에 없다. 하지만 지나친 사랑은 집착이 되듯이 지나친 질투는 자신뿐만 아니라 상대방도 해친다는 사실을 명심해야 한다. 행복한 삶을 위해서라도 질투를 성공을 위한 동기부여, 목표 달성을 위한 동력으로 삼아야 한다.

질투를 성공을 위한 동기부여로 삼기 위한 3가지 행동 지침

• 무엇 때문에 질투를 느끼고 있는지 질투의 근원을 파악한다.
• 다른 사람과 비교하기보다는 과거의 나와 비교하며, 성장하는 모습을 상상해 본다.
• 목표 달성을 위한 계획을 점검하고, 실천 가능한 것들을 하나씩 실천해나간다.

# 나는 외로울 때 영감을 얻는다

나는 외로울 때 무엇을 하는가?
외로움 속에 웅크린 채 그 시간을 견뎌내는가,
외로움을 고독으로 전환해서 영감을 얻는가?

외로움은 주로 친구가 없거나 가족과의 관계가 소원해진
경우, 직장이나 학교에서 소외감을 느낄 때 생긴다. 또는 미래에 대한
불안감이나 정체성 혼란 등에서 비롯된다.

장기적인 외로움은 신체적·정신적으로 부정적 영향을 미친다. 면
역 체계 약화, 심장병, 고혈압 등 신체적 질병을 악화시킬 수 있고 우
울증이나 불안, 스트레스 등의 증가로 정신 건강에도 문제를 일으킬
수 있다. 외로움은 부정적인 생각을 증폭시킨다. 자존감도 낮아져서
사람들과의 관계를 회피하게 되면서, 더 큰 고립감을 초래하게 마련
이다.

그렇다고 해서 외로움이 부정적인 것만은 아니다. 외로운 시간을
활용해서 자신을 돌아보며 자기 성찰의 시간을 가질 수도 있고, 영감
을 얻어서 새로운 아이디어를 발견할 수도 있고, 자신만의 오붓한 시
간 속에 각종 문제를 해결할 수도 있다.

그러기 위해서는 먼저 외로움을 고독으로 전환해야 한다. 외로움이
'자신의 의지와 상관없는 관계의 단절'이라면 고독은 '자발적인 고립'

이다. 인생을 바꾸고 싶고 삶의 질을 높이고 싶다면, 외로움을 느낄 때 벌떡 일어나서 '고독의 방'으로 들어가야 한다. 마음의 등불을 켜고 혼자 있는 시간을 이용해서 무언가를 해야겠다고 마음먹으면, 자신을 성장시킬 수 있고 삶의 의미를 찾을 수 있다. 독서, 명상, 일기 쓰기 등을 통해 자기 성찰의 시간을 가질 수도 있고, 예술 활동, 학습, 여행, 운동 등을 통해 취미 활동을 할 수도 있고, 식물 가꾸기, 산책 등을 통해 자연과 교감할 수도 있다.

부정적인 마인드를 가진 사람들은 외로움 속에 갇혀서 자기 비하를 하거나 세상을 비난하는 반면, 긍정적인 마인드를 가진 사람들은 외로움을 고독으로 전환해서 자기 성찰을 하거나 영감을 얻거나 성장의 기회로 활용한다.

심리학에서는 외로움을 단순히 혼자 있는 상태를 넘어, 다른 사람과의 연결이 부족하거나 결핍되어 느끼는 정서적 고통으로 해석한다. 개인의 문제로만 보지 않고 사회적인 문제로 인식하며, 다양한 연구와 치료 방법을 개발하고 있다.

반면 철학에서는 외로움을 인간 존재의 근본적 질문과 연결하여 깊이 있게 다루고 있다. 철학가들은 각자의 관점에서 외로움을 해석하며, 그 의미와 해결 방안에 대해 다양한 견해를 제시한다.

"외로움은 혼자 있는 고통을 표현하기 위한 말이고, 고독은 혼자 있는 즐거움을 표현하기 위한 말이다."

_폴 요하네스 틸리히

틸리히는 신학자이자 실존주의 철학가이다. 실존주의 철학가들은 인간은 태어나는 순간부터 죽음에 이르기까지 근본적으로 고독한 존재라고 보고 있다. 즉, 인간은 타인과의 관계 속에서 살아가지만 궁극적으로는 혼자만의 길을 걸어가야 하는 존재라는 것이다.

인간에게는 자유와 함께 책임이 따르는데 여기에는 불안과 고독이 동반하며, 인간은 이러한 불안과 고독과 맞서 싸우며 자신의 삶에 의미를 부여해야 한다는 것이 실존주의 철학가들의 주장이다. 이러한 사상은 외로움을 통해 자신을 깊이 성찰하고, 내면의 자유를 찾는 기회로 삼아야 한다는 동양철학과 상당 부분 의견을 같이한다.

인간에게 외로움은 숙명과도 같다. 외롭다고 해서 의지의 끈을 놓아버리면 가족과 친구들에게서 점점 멀어져 외톨이별이 되고, 우주 공간을 외롭게 떠돌다가 우울이라는 블랙홀에게 먹혀버리고 만다. 외로울수록 의지를 불태워서 외로움을 고독으로 전환해야 한다. 고독 속에 침잠하면 영감을 얻을 수도 있고, 내면의 자유를 찾을 수도 있다.

**외로움을 고독으로 전환하기 위한 3가지 행동 지침**

- 혼자 있는 시간을 활용해 자신의 감정, 생각, 가치관 등을 돌아보며 성찰의 시간을 갖는다.
- 글쓰기, 그림 그리기, 음악 작곡 등 예술적 활동을 통해 창조적 에너지로 전환한다.
- 산책, 하이킹, 정원 가꾸기 등을 통해 마음의 평안을 찾는다.

# 나는 걱정이 생기면
# 가짜와 진짜로 분류한다

나는 걱정이 많은 편인가, 적은 편인가?
시간이 지나면 저절로 해소될 쓸데없는 걱정을 하면서,
불안 속에서 하루하루를 살고 있지는 않은가?

걱정은 앞으로 일어날지 모르는 부정적인 일에 대한 불안
감과 우려를 느끼는 심리 상태를 말한다. 이런 감정은 자연스럽게 발
생하는 인간의 방어 기제 중 하나지만 지나치면 정신적·신체적 건강
에 악영향을 미친다.

걱정은 과거의 실패나 고통으로 인한 경험, 미래에 대한 불확실성
으로 인한 두려움, 주변의 기대나 압박 등 자신이 처한 상황을 통제할
수 없을 때 주로 발생한다. 그러나 걱정을 받아들이고 처리하는 방식
은 개인의 성격, 가치관에 따라 달라진다.

인간이 걱정으로부터 쉽게 벗어날 수 없는 이유는 걱정을 하는 동
안은 걱정을 잊을 수 있고, 걱정이 현실이 됐을 때 받게 될 충격을 완
화할 수 있기 때문이다. 머릿속을 잠깐 스쳐 지나는 걱정이야 인간의
보호 본능이니 어쩔 수 없다. 그러나 장기간 걱정이 지속될 경우 불안
장애, 우울증, 스트레스 등으로 인해 정신 건강이 악화되고 면역력 저
하, 심장 질환, 불면증, 소화불량 등으로 인해 신체 건강 또한 악화되
면서 삶의 의욕을 잃게 된다.

걱정은 과도한 상상이나 근거 없는 두려움에서 비롯된 비합리적 걱정, 일상생활에서 위험을 예방하고 더 나은 선택을 하도록 돕는 합리적 걱정으로 나뉜다.

세계적인 베스트셀러 작가인 어니 젤린스키는 《느리게 사는 즐거움》에서 걱정에 대해 이렇게 말한다.

"절대로 발생하지 않을 사건에 대한 걱정이 40%, 이미 일어난 사건에 대한 걱정이 30%, 별로 신경 쓸 일이 아닌 사소한 걱정이 22%, 우리가 바꿀 수 없는 사건에 대한 걱정이 4%이고, 우리가 바꿀 수 있는 사건에 대한 걱정은 고작 4%뿐이다."

즉, 우리가 하는 걱정의 96%는 불필요한 비합리적 걱정이고, 4%만이 노력 여하에 따라서 바꿀 수 있는 합리적 걱정이라는 것이다.

부정적인 마인드를 지닌 사람들은, 해결책보다는 문제 자체에만 집착한다. 결과를 과장해서 상상하며 무기력감과 패배감에 휩싸인다. 반면 긍정적인 마인드를 지닌 사람들은, 우선 바꿀 수 없는 96%의 비합리적 걱정인가 바꿀 수 있는 4%의 합리적 걱정인가로 분류한다. 반드시 처리해야만 하는 합리적 걱정이라는 판단이 서면, 긍정적인 자기 암시나 대화를 통해 불안감을 덜어낸 뒤 문제 해결을 위한 현실적이고 구체적인 계획을 세운다.

"걱정 없는 인생을 바라지 말고, 걱정에 물들지 않는 연습을 하라."

_알랭 바디우

인간은 뛰어난 지적 능력을 지니고 있지만 예언자로서의 능력은 젬병이다. 우리는 실제로 벌어진 일이 아니라 앞으로 벌어질지도 모르는 일들을 걱정하며 스스로 지옥으로 걸어 들어간다. 걱정은 불안만 가중하여 가뜩이나 짧은 인생을 더욱더 짧게 만든다. 자유롭고 행복한 삶을 살고 싶다면 쓸데없는 걱정은 제거하고, 홀가분한 마음으로 세상을 바라봐야 한다.

걱정이 많아서 걱정인가? 그렇다면 96%의 가짜 걱정과 4%의 진짜 걱정을 분류하는 습관을 들여라. 96%의 가짜 걱정만 제거해도, 우리를 지치고 힘들게 했던 인생의 무게를 덜 수 있다.

---

비합리적 걱정을 해결하기 위한 3가지 행동 지침

- 걱정의 구체적인 원인과 상황을 파악해서, 실제로 발생 가능한 문제인지 확인한다.
- 과거 경험이나 현실적인 데이터를 바탕으로 발생 가능 여부를 수치화한다.
- 완벽주의에서 벗어나서, 작은 실수들은 용납하는 태도를 기른다.

# 나는 자신감이 뚝 떨어지면
# 성취한 것들을 돌아본다

나는 평소에 자신감이 넘치는 사람인가?
어느 날 갑자기 자신감이 뚝 떨어져서
한동안 슬럼프에 빠졌던 적은 없는가?

자신감은 자신이 어떤 일을 성공적으로 해낼 수 있다는 능력에 대한 믿음과 확신에서 비롯된 감정이다.

자신감이 갑자기 하락하는 이유는 예상하지 못한 실패를 경험했거나 타인으로부터 부정적인 피드백 혹은 비판을 받아 자존감에 상처 입었기 때문이다. SNS에서 타인의 완벽해 보이는 모습에 상대적 박탈감을 느꼈을 때나 주변의 기대에 미치지 못할 거라는 예감에 휩싸였을 때, 과도한 스트레스로 자기 효능감이 저하되었을 때도 마찬가지다.

자신감 부족은 전반적인 삶에 부정적 영향을 미치며 가장 큰 문제는 도전 회피로 이어지는 데 있다. 좋은 기회나 새로운 도전마저 꺼리게 되면서 성장 가능성이 차단된다.

장기간 자신감 부족에 시달릴 경우 무기력해지면서 삶의 전반적인 만족도는 낮아진다. 자기 효능감이 감소하여 시작하기도 전에 포기하는 경우가 많아지고, 자신을 패배자나 실패자로 규정하여 좌절감 속에서 헤어나질 못한다. 극단적인 경우에는 우울증이나 불안 장애와 같은 심각한 정신 질환으로 이어지기도 한다.

부정적인 마인드를 지닌 사람들은 자신감이 뚝 떨어지면 '나는 안돼!'라는 생각에 사로잡혀, 도전을 포기하고 실패를 당연하게 받아들인다. 이들은 현재 상태를 유지하려는 경향이 있으며, 자신에게 문제가 발생하면 남 탓을 하거나 환경을 탓하는 경향이 있다.

반면 긍정적인 마인드를 지닌 사람은 자신감이 뚝 떨어지면, 자신의 강점과 함께 과거의 성공 경험을 떠올리며, 성취한 것들을 돌아본다. 긍정적인 자기 대화를 통해 '나는 할 수 있다!'는 자기 암시를 주며, 실패를 성공을 위한 학습의 기회로 받아들인 뒤 한 발 더 앞으로 나아간다.

자신감은 뇌에 변화를 가져온다. 자신감이 넘칠 때는 고차원적 인지 기능을 담당하는 전두엽과 기억·학습·감정 처리 등에 관여하는 측두엽, 기대감과 보상에 관여하는 보상회로가 활성화되며 도파민·세로토닌·옥시토신 등의 긍정적인 신경 물질이 분비되어 도전적이고 긍정적인 태도를 유지하게 된다. 자신감이 저하될 때는 두려움과 불안을 처리하는 편도체와 기억 형성 및 공간 인지에 관여하는 해마가 과도하게 활성화되고, 코르티솔이 분비되어 불안과 스트레스가 증가하며, 도파민과 세로토닌의 부족으로 인해 무기력하고 부정적인 감정이 지속된다.

"낮은 자존감은 계속 브레이크를 밟으며 운전하는 것과 같다."

_맥스웰 몰츠

인생은 기나긴 여정이다. 계속 브레이크를 밟아서는 여행의 즐거움을 느끼지 못할뿐더러 원하는 장소에 도달할 수도 없다.

살다 보면 어느 날 갑자기 자신감이 뚝 떨어질 수도 있다. 그럴 때는 당신이 성취한 것들을 돌아보라. 말하기는커녕 네 발로 기지도 못하던 핏덩이가 성장해서 얼마나 많은 것을 이루었는지.

**자신감 회복을 위한 3가지 행동 지침**

• 단기간에 이룰 수 있는 쉬운 목표부터 시작해서 성공 경험을 축적한다.

• 자신의 강점과 과거의 성공 경험을 떠올린 뒤, 적극적으로 활용할 수 있는 방법을 찾는다.

• 새로운 것을 배우고, 꾸준한 학습을 통해 자신에 대한 신뢰를 쌓아간다.

#  나는 비난을 자기 성찰의 기회로 삼는다

나는 다른 사람들로부터 비난을 받았을 때 어떻게 대처하는가?
혹시 맞붙어 비난을 퍼붓거나 속으로는 부글부글 끓으면서도
못 들은 척하지는 않는가?

비난은 다른 사람의 행동이나 태도를 부정적으로 평가하며 질책하거나 비판하는 행위이다. 비난은 크게 2가지로 분류할 수 있다. 나에 대한 상대방의 비난 중 하나는 나의 잘못으로 인한 합리적 비난이고, 다른 하나는 상대방의 주관적 감정이나 가치관에 기반한 비합리적 비난이다.

합리적 비난은 내가 실수나 잘못된 행동을 했을 때, 상대방의 기대에 부응하지 못했을 때, 사회적 통념이나 가치관과 다른 행동을 했을 때 등이다. 비합리적 비난은 상대방이 자신의 불안감이나 좌절감을 전가하려 할 때, 상대방이 나보다 우위에 있다고 생각할 때 혹은 단순히 상대방의 기준에 맞지 않는 행동을 했을 때 받을 수 있다.

비난을 받으면 수치심, 분노, 불안, 슬픔, 좌절 등의 부정적 감정에 사로잡히게 된다. 특히 자존감이 낮거나 타인의 평가에 민감한 사람일수록 비난에 더 큰 충격을 받는다. 비난의 가장 큰 문제는 자기 의심을 불러일으키고 자존감을 저하시킨다는 점이다. 반복적인 비난은 새로운 도전을 꺼리게 만들고, 나 자신을 무가치한 존재로 여기게 만든

다. 장기간 비난에 시달리게 되면, 무력감과 함께 자기 회의감이 깊어지면서, 우울감과 불안감이 증폭된다.

비합리적 비난은 부정적인 감정과 스트레스를 유발하지만, 합리적 비난은 나 자신의 부족한 점을 성찰하고 개선할 기회를 제공한다.

부정 마인드를 지닌 사람들은 비난 받으면 방어적인 태도를 보이며 타인을 탓하는 경향이 있다. 또한 비난을 받아들이지 못하고 감정적으로 반응하거나, 자신을 무가치하게 여겨 자기 비하에 빠진다. 반면 긍정 마인드를 지닌 사람들은 상대방의 일시적인 기분 저하나 우세한 지위로 인한 비합리적 비난인지, 나의 잘못으로 인한 합리적인 비난인지를 먼저 분류한다. 전자의 경우라고 판단되면 한 귀로 듣고 한 귀로 흘려버리지만, 후자의 경우라면 자기 성찰의 기회로 삼는다.

심리학자들은 자존감 저하, 대인 관계 악화, 학습 방해, 공격성 증가 등 비난이 개인의 심리에 미치는 영향에 주목했다. 반면 철학가들은 비난의 정당성, 비난의 목적, 비난과 책임의 관계 등 비난의 근본적인 의미를 탐구했다.

칸트는 비난을 인간의 자유 의지에 기반하며 잘못된 행위에 대한 정당한 결과라고 주장한 반면, 니체는 비난이 권력 관계의 산물이며 강자에 의한 약자에 대한 억압의 수단으로 사용될 수 있다고 주장했다.

"남을 정면으로 비난하는 것은 좋지 않다. 그를 망신시키기 때문이다. 보이지 않는 곳에서 비난하는 것은 불성실하다. 덕을 기만

하는 행위가 되기 때문이다."

_레프 톨스토이

　누군가를 당사자 뒤에서 비난하는 것은 험담이니 하지 말아야 하고, 많은 사람 앞에서 비난하는 것은 공개적인 망신이니 피해야 한다. 상대방의 잘못을 바로잡고 싶다면 조용한 곳에서 차분하게 알려주는 것이 바람직하다.

　또한 누군가로부터 비난받았다고 해서 위축되거나 자학할 필요는 없다. 상대방의 비난이 합리적일 수도 있지만 때로는 부당할 수도 있기 때문이다.

비난을 자기 성찰의 기회로 삼기 위한 3가지 행동 지침

• 비난에 감정적으로 즉각 반응하지 말고, 시간을 두고 차분하게 생각한다.
• 비합리적 비난이라면 감정의 찌꺼기가 남지 않도록 즉시 지워버린다.
• 합리적 비난을 통해 문제점을 발견했다면, 개선하기 위한 구체적인 계획을 세워 실천한다.

# 나는 갈등을 소통으로 해결한다

나는 갈등 상황에서 어떻게 행동하는가?
시간이 지나면 저절로 해소될 거라는 생각에 방치하거나
상황 자체를 애써 외면하지는 않는가?

갈등은 개인 또는 집단 사이에서 서로 다른 의견, 목표, 가치관 등으로 인해 충돌이 발생하는 상황을 의미한다.

세상을 살다 보면 이런저런 이유로 갈등이 생기게 마련이다. 가치관이나 성격 차이, 오해, 경쟁적인 환경에서의 자원 부족, 권력 불균형 등은 갈등의 주요 원인이다.

갈등은 불안, 분노, 좌절, 우울 등의 감정을 불러온다. 갈등이 해결되지 않고 장기화되면 부정적인 감정에 휩싸이게 된다. 감정의 변동 폭이 커지면서 자존감이 감소하고, 점점 무력감을 느끼게 된다. 대인관계는 악화되고 생산성은 저하되어 개인의 성장이 정체된다.

그러나 갈등이 잘 해결되면 긍정적인 분위기가 조성된다. 갈등을 해결하는 과정에서 창의적인 해결 방안을 발견할 수도 있고, 상호 이해가 깊어지면서 관계가 강화되기도 한다.

부정 마인드를 지닌 사람들은 갈등에 처하면 상대방의 잘못에만 집중해서 공격을 퍼붓거나, 책임을 전가하려 들거나, 아예 상황 자체를 회피한다. 반면 긍정 마인드를 지닌 사람들은 소통으로 갈등을 해결

한다. 문제를 객관적인 시선으로 바라보기 위해 노력하면서 상대방의 의견을 충분히 경청하고, 자신의 잘못이 있다면 인정한 뒤 자신의 생각을 명확하게 전달한다. 해결책을 찾는 과정에서는 상대방과 협력하려는 자세를 보이며, 문제를 해결하기 위한 다양한 방안을 모색한다.

심리학자들은 갈등을 개인의 심리적 과정과 사회적 상호작용의 결과로 해석한다. 욕구 불만, 자존심, 불안 등과 같은 개인의 내적 요인이 갈등을 유발한다고 보았고, 타인과의 관계에서 발생하는 의견 차이, 역할의 모호성, 가치관 충돌 등을 갈등의 주요 원인이라고 생각한다.

이에 비해 철학자들은 갈등을 인간 본성, 사회구조, 가치관의 문제로 바라본다. 인간은 이기적인 본성을 갖고 있기 때문에 갈등이 불가피하다는 견해도 있고, 사회 불평등이나 권력 관계 등의 사회구조적 문제가 갈등을 야기한다는 견해도 있으며, 서로 다른 가치관이 충돌하면서 갈등이 발생한다는 견해도 있다.

심리학자는 개인의 내적 요인에 초점을 맞춰 갈등을 해결하려는 반면, 철학가는 사회구조적인 문제 해결을 통해 갈등을 해소하려는 경향이 있다.

"열린 마음을 가지세요. 당신은 항상 동의하지 않을 수도 있지만 다른 사람의 입장에서 사물을 바라보려고 노력하는 것이 중요합니다."

_스티븐 코비

대인 관계에서 갈등은 불가피하기에 항상 타협할 준비가 되어 있어야 한다. 갈등은 숨은그림찾기 같아서, 건널 수 없는 강처럼 갈등이 깊어 보여 영원히 해결책을 찾을 수 없을 것 같다가도 해결하려고 마음먹고 적극적으로 달려들면 쉽게 풀리기도 한다.

**갈등을 소통으로 해결하기 위한 3가지 행동 지침**

- 상대방의 이야기를 주의 깊게 듣고, 이해하고 공감하려고 노력한다.
- 비난을 자제하고, '나'라는 1인칭 대명사를 사용해서 자신의 감정을 솔직하게 표현한다.
- 활발하게 질의응답을 주고받은 뒤, 서로 양보하며 합의점을 찾는다.

# 나는 죄책감에서 벗어나는 방법을 안다

인간은 완벽하지 않기에 죄책감으로부터 자유로울 수 없다.
나는 죄책감을 느낄 때 어떻게 대처하는가?

죄책감은 자신이 저지른 잘못이나 실수에 대해 혹은 타인의 기대에 부응하지 못했다고 느낄 때, 스스로 비난하면서 후회하고 자책하는 감정이다. 주요 원인으로는 자신의 의무 소홀, 과거의 잘못된 행동, 타인과의 비교, 충족되지 못한 기대 등이다. 또한 어려운 상황에서 자신만 살아남았을 때도 죄책감을 느끼게 된다. 이러한 죄책감은 후회, 수치심, 불안 등을 동반하며 자기 비난, 감정적 소모, 고립감을 야기하여 장기적인 슬럼프로 이어질 수 있다.

그렇다고 해서 죄책감을 갖는 게 반드시 나쁜 것만은 아니다. 자신의 잘못을 인식하고 타인에게 공감하는 데 도움을 주고, 잘못된 행동을 바로잡아 화해하는 동기가 되며, 자신의 행동을 되돌아봄으로써 인격적으로 한층 성숙해지는 계기가 된다.

부정 마인드를 지닌 사람들은 과거의 실수에 집착하여 반복적으로 자신을 비난하다 보니 쉽게 죄책감을 떨쳐내지 못한다. 자신의 죄책감을 덜기 위해 타인에게 책임을 전가하기도 하고, 죄책감을 피하려고 문제 자체를 회피하거나 자신의 감정을 부인하는 경향이 있다. 반면 긍정 마인드를 지닌 사람들은 자신의 잘못을 인정하고, 문제를 해결하기 위해서 노력한다. 속죄하고 때로는 배상함으로써 잘못을 바로잡아, 미래를 향해 나아갈 수 있는 변화의 기회로 삼는다.

심리학에서는 죄책감을 개인의 도덕적 가치, 사회적 기대, 책임감과 관련된 복잡한 감정의 반응으로 간주하고 있다. 해결 방안으로는 몇 가지가 있지만, 심리 치료의 한 종류인 인지행동치료(CBT)를 주로 활용한다.

인지행동치료는 생각(인지)이 감정과 행동에 영향을 미친다는 가정에서 출발한다. 세상을 바라보는 시각, 사건을 해석하는 방식, 자신을 평가하는 방식 등을 바꿔서 감정과 행동에 변화를 꾀한다. 즉, 부정적인 생각을 긍정적인 생각으로 바꾸고, 자신을 있는 그대로 수용함으로써 죄책감을 덜어내고 삶의 질을 높인다.

한편 철학가들은 죄책감을 도덕적 판단과 인간 본성의 문제로 보고, 인생의 의미와 가치에 대한 성찰을 통해 죄책감을 극복할 수 있다고 주장한다.

"가장 치명적인 죄는 죄책감을 느끼지 못하는 양심을 갖는 것이다."

_토머스 칼라일

영국의 역사학자이자 평론가인 칼라일은 양심 있는 인간이라면 죄책감을 가져야 한다고 주장한다.

죄책감은 시간이 지날수록 몸집을 불리는 경향이 있다. 처치 곤란

하다고 해서 방치할 것이 아니라, 몸집이 더 커지기 전에 해결해야 삶의 무게도 덜고 인생도 즐거워진다.

---

罪책감에서 벗어나기 위한 3가지 행동 지침

• 죄책감을 느끼는 감정을 인정하고, 죄책감의 구체적인 원인을 파악한다.

• 불완전함을 받아들여, 작은 실수는 스스로 용서하고 큰 잘못은 속죄하고 반성한다.

• 과거의 잘못을 반복하지 않기 위해 실천 가능한 계획을 세운다

# 나는 무기력해지면
# 당장 할 수 있는 일을 찾는다

나는 무기력에 빠졌을 때 어떻게 벗어나는가?

　　　　　무기력은 모든 일에 대한 의욕과 흥미를 잃고, 아무것도 하고 싶지 않은 상태를 말한다. 자칫 방심하다가는 긴 슬럼프에 빠져 인생에서 정말 중요한 순간을 허무하게 흘려보낼 수도 있으므로, 미리 대비해놓을 필요가 있다.

　무기력은 어떤 이유로 인해서 내적 동기가 완전히 사라져버렸을 때 찾아온다. 번아웃, 반복적인 실패, 통제할 수 없는 상황, 사라져버린 목표, 만성 피로, 팝콘 브레인 등이 무기력을 불러오는 주요 요인이다.

　무기력에 빠지면 목표가 사라져 성장이 멈추게 된다. 장기간 지속되면 섬처럼 고립되고, 우울증과 같은 정신 건강 장애에 걸릴 수도 있다. 현명하게 접근해서 단기간에 극복한다면 자신을 돌아볼 수 있는 기회이고, 새로운 변화를 위한 에너지 축적 기간이 되기도 한다.

　부정 마인드를 가진 사람들은 무기력에 빠지면 현실을 회피한다. 변화를 시도하기보다는 현 상태에 안주하려는 경향이 강하다. 무기력해진 자신을 비하하고, 부정적인 상상을 하며, 그 상상이 현실이 되어서 자신을 덮쳐오기만을 묵묵히 기다린다.

반면 긍정 마인드를 지닌 사람들은 자신이 느끼는 감정을 그대로 인정한다. 실천 가능한 작은 목표를 세운 뒤, 몸을 움직이며 해결책을 찾는다. 작은 성과에도 성취감을 느끼며, 필요하다고 느낄 때는 친구나 가족 혹은 전문가에게 도움을 요청한다.

심리학에서는 무기력해지는 대표적인 원인으로 우울증, 불안 장애, 스트레스, 자존감 저하, 과거의 트라우마 등을 꼽는다. 철학에서는 무기력을 인생의 목표 상실, 삶의 의미에 대한 회의, 존재론적 고독 등과 연결하여 설명한다. 니체는 무기력을 '니힐리즘'과 연결하여, 신의 죽음 이후 모든 가치가 상실된 상태에서 느끼는 허무감이라고 주장한다. 사르트르는 인간은 자신의 삶에 의미를 부여해야 하는데 무기력은 그러한 책임을 회피하려는 태도라고 주장한다. 그래서 해결책으로 자신만의 삶의 의미를 찾고, 가치관을 확립하여 목표를 설정하고, 새로운 것을 배우고 경험하며, 삶의 지평을 넓히라고 주문한다.

> "쇠는 쓰지 않으면 녹슬고, 물은 고여 있으면 맑음을 잃듯이, 정신의 활력은 쓰지 않으면 무기력해진다."
>
> _레오나르도 다빈치

한평생 꿈을 향해 달렸고 왕성한 호기심을 갖고 화가, 조각가, 발명가, 건축가, 해부학자, 지리학자, 음악가로서의 삶을 살았던 다빈치처럼 산다면 무기력에 빠질 일은 없으리라. 그러나 만약 어떤 이유로 무기력에 빠진다면, 작은 목표를 찾아서 실천하면서 인생을 전반적으로

재정비해볼 필요가 있다. 인생에서 정말로 중요한 것을 놓치고 있는
지도 모르기 때문이다.

---

무기력에서 벗어나기 위한 3가지 행동 지침

• 달성 가능한 작은 목표를 설정하고, 목표를 달성할 때마다 스스로에게 보상
  을 한다.
• 충분한 수면, 건강한 식단, 규칙적인 운동을 통해 신체 리듬을 회복한다.
• 취미 활동을 하면서, 인생의 새로운 목표를 찾아본다.

# 나는 실패했을 때
# 긍정적인 측면을 바라본다

나는 실패를 어떻게 극복하는가?
지금도 여전히 실패의 그늘에서 서성이고 있는가,
아니면 실패를 교훈 삼아 계속 성장하고 있는가?

실패는 설정한 목표를 달성하지 못하거나 기대했던 결과를 얻지 못한 상황을 의미한다. 실패의 주요 원인은 불충분한 준비, 잘못된 결정, 인내와 노력 부족, 자신감 결여, 예기치 못한 사건 등이다.

일반적으로 실패는 좌절감, 실망감, 자책감, 분노 등의 부정적인 감정을 동반한다. 이러한 감정이 장기화되면 우울증, 불안, 자존감 저하 등의 심리적 문제로 이어지고, 신체적으로는 소화 불량, 수면 장애, 만성 피로 등의 증상이 나타날 수 있다.

성공과 실패, 행복과 불행, 승리와 패배 등은 서로 대비되는 개념이다. 즉, 성공의 반대편에는 실패가 있고, 실패의 반대편에는 성공이 있다.

고대 중국의 당나라 정사를 수록한 《당서》의 〈배도전〉에 '승패는 병가지상사'라는 말이 나온다. 병가에서 이기고 지는 일은 늘 있는 일이니, 한 번 패배했다고 해서 낙담하거나 포기하지 말라는 의미이다. 실패 역시 마찬가지이다. 한 번에 성공하면 더할 나위 없겠지만 세상일은 우리 뜻대로 흘러가지 않는다. 세상은 시시각각 변화하므로, 아무리 철저하게 준비해도 예상치 못했던 변수가 존재하기 때문이다.

부정 마인드를 지닌 사람들은 실패를 자신의 능력 부족이나 운 탓으로 돌리려는 경향이 있다. 더 이상의 도전을 거부함으로써 성공 직전에 멈추기도 하고, 더 좋은 기회가 찾아와도 아예 외면한다. 반면 긍정 마인드를 지닌 사람들은 실패를 일시적인 시련으로 받아들이고, 성장과 배움의 기회로 삼는다. 실패 원인을 분석한 뒤 더 나은 방향으로 나아가기 위한 전략을 세워서, 계속 시도하며 도전을 멈추지 않는다.

심리학에서는 실패를 개인의 생각, 감정, 행동에 영향을 미치는 사건으로써 자존감 하락, 우울증, 불안 등 정신적인 문제를 야기할 수 있다고 분석한다. 철학에서는 실패는 인생의 필연적인 부분이며, 이를 통해 우리는 더욱 성장하고 발선할 수 있다는 관점으로 접근한다.

"실패로부터 성공을 발전시켜라. 낙담과 실패는 성공으로 가는 가장 확실한 두 개의 디딤돌이다."

_데일 카네기

세상은 다면체이다. 실패했다고 해서 부정적인 측면만을 바라보면 성공과는 점점 멀어질뿐더러 삶의 즐거움도 사라진다. 긍정적인 측면을 바라볼 때 우리는 비로소 실패를 발판으로 삼아 하늘 높이 날아오를 수 있다.

실패했을 때 긍정적인 측면을 바라보기 위한 3가지 행동 지침

부정하거나 회피하지 말고
실패를 있는 그대로
인정하고 받아들인다.


실패를
잘못된 부분을 바로잡을
새로운 학습 기회로
받아들인다.


기존의 문제를
새로운 관점으로 바라보며,
새로운 방법을 찾아본다.

# 나는 두려움을 정면 돌파한다

나는 두려움을 느낄 때 어떻게 행동하는가?
고개를 돌려 회피하거나
아예 두려움을 피해서 멀리 도망쳐버리지는 않는가?

두려움은 실제적이거나 상상의 위협에 처할 때 느끼는 불안감과 공포심으로, 자신을 보호하려는 생존과 안전에 대한 본능적 감정이나. 두려움을 느끼는 주요 상황은 생명과 안전에 위협을 감지할 때, 미래가 불확실할 때, 사람들 사이에서 소외될 때, 낯선 환경에 처하거나 신뢰할 수 없는 사람과 마주할 때 등이다.

감정은 대개 상황에 따라 다른 감정들과 연계된다. 두려움은 신체적·정신적 위협이 극대화될 때 찾아오는 공포, 불확실성에서 오는 불안, 소외될 때 느끼는 외로움, 위험한 상황에 처할 때 느끼는 긴장, 상황을 통제하지 못하는 데서 오는 무력감 등과 밀접하다. 이때 발생한 두려움이 장기화되면 만성적 불안 장애나 우울증을 앓게 된다. 일상생활에서 도전을 피하게 되고, 새로운 경험 자체를 거부하며, 인간관계에서도 고립을 자초하는 경향이 있다.

부정 마인드를 지닌 사람들은 두려움에 압도되어 포기하거나 회피하곤 한다. 또한 두려움을 느끼는 것 자체를 부정적으로 인식하여 자기 자신에게 비난을 퍼붓기도 한다. 반면 긍정 마인드를 지닌 사람들

은 두려움을 느낄 때 회피하지 않고 정면으로 마주하며, 적극적으로
해결 방법을 찾는다. 두려움의 원인을 파악하고, 구체적인 해결책을
마련하여 행동으로 옮긴다.

　심리학에서 두려움은 생존과 안전을 위한 필수적 방어기제로 간주
한다. 불안·스트레스·트라우마와 밀접한 관련이 있으며, 조건화된
반응이나 비합리적인 믿음에 의해서도 촉발될 수 있다고 본다. 한편,
철학에서는 존재론적 문제로 접근한다. 인간이 느끼는 두려움은 인간
의 유한성, 삶과 죽음 그리고 불확실성에 대한 인식으로부터 비롯된
다는 관점이다. 키르케고르는 두려움을 '선택의 자유와 책임으로부터
발생하는 감정'이라고 주장했고, 하이데거는 '죽음을 인식할 때 느끼
는 중요한 존재론적 경험'이라고 주장했다.

> "당신이 가장 두려워하는 것을 찾아라. 진정한 성장은 그 순간부
> 터 시작된다."
>
> ＿칼 구스타프 융

　스위스의 정신분석학자 칼 융은 두려움을 단순한 감정이 아니라 인
간의 심리적 성장에 중요한 역할을 하는 무의식의 표현으로 보았다.
그는 우리 안에 존재하는 인정하고 싶지 않은 욕망이나 두려움을 '그
림자'라고 칭했다. 두려움은 이러한 그림자가 의식을 통해 드러나는
한 가지 형태이며, 우리가 완전한 자아를 실현하기 위해서는 이 그림
자를 인정하고 받아들여야 한다고 주장했다.

인간의 생존 본능은 두려움을 불러일으키기 때문에, 두려움을 완전히 피하는 것은 현실적으로 불가능하다. 두려움에 부딪쳤을 때 확실한 해결책은 회피가 아니라 정면으로 마주하는 것이다. 두려움은 분명 가슴 떨리는 일이기는 하지만 나 자신을 더 깊이 이해하고 성장할 기회이기 때문이다.

## 두려움을 극복하기 위한 3가지 행동 지침

- 두려움의 실체를 파악하고, 그 감정을 그대로 받아들인다.
- 두려움을 과장하지 않고, 실제로 얼마나 큰 위협인지 객관적으로 평가한다.
- 두려움의 근본 원인을 분석해, 구체적인 대처 방법을 찾는다.

# 나는 슬픔을 승화시킨다

나는 슬픔을 느낄 때 어떻게 행동하는가?
슬픔을 밀어내려 애써 미소를 짓거나, 긴 세월이 흘렀건만
슬픔의 바다에 빠져서 여전히 허우적거리고 있지는 않은가?

슬픔은 상실·좌절·절망·후회·소외감 등으로 인해 발생하는 감정으로, 우리의 삶에서 소중한 무언가를 잃었거나 그리워할 때 주로 느끼게 된다. 이는 개인이 경험하는 심리적 충격에 대한 자연스러운 반응이며, 감정의 복잡한 스펙트럼 중 하나이다.

슬픔은 종종 불안, 우울, 분노, 두려움, 죄책감, 외로움, 후회 등의 감정을 동반한다. 이로 인해 자기 비하를 하거나 무기력에 빠지기도 한다. 장기화될 경우 우울증으로 발전하며, 자살 충동을 느낄 수도 있다.

부정 마인드를 지닌 사람들은 무기력해진 상태로 슬픔을 받아들이고 자발적으로 그 안에 갇히는 경향이 있다. 슬픔의 원인을 외부로 돌리거나 회피한다. 더 나아가 자기 비판적 태도로 삶이 무의미하다는 생각에 쉽게 사로잡히곤 한다.

반면 긍정 마인드를 지닌 사람들은 슬픔을 삶의 일부로 여긴다. 자신의 감정을 깊이 이해할 기회이자, 세상 내지는 인생에 대해서 성찰할 기회로 받아들임으로써 슬픔을 승화한다. 예를 들면 예술 활동을 통해 슬픔을 표현하거나 봉사 활동을 통해 다른 사람들을 돕는 등 다

양한 방식으로 극복과 성장의 발판으로 삼는다.

　슬픔을 승화하기 위해서는 감정을 억누르지 않고 건강한 방법으로 표현해야 한다. 시간을 갖고 충분히 슬퍼하되 휴식, 건강한 식사, 운동 등의 자기 돌봄을 통해서 슬픔에서 서서히 벗어난다. 신뢰할 수 있는 사람들과 대화하며 자신의 감정을 공유하고, 글쓰기나 그림 그리기, 악기 연주, 사진 촬영 등의 예술 활동을 통해 슬픔을 표현한다. 자신의 내면을 더 깊숙이 들여다보고, 삶의 가치와 방향을 재정비하는 기회로 삼는다.

　심리학에서는 슬픔을 자연스러운 감정 상태로 보며, 상실이나 좌절 등의 경험을 처리하는 방식으로 해석한다. 슬픔은 충분히 극복 가능한 감정이라고 여기며 인지행동치료, 대인 관계 훈련, 명상 등 다양한 치료법을 제시한다. 반면 철학에서는 슬픔은 단순한 감정적 반응이 아닌 인간의 실존적 의미를 탐구하며 경험의 깊이를 보여주는 중요한 감정이라고 본다. 동양 철학에서는 슬픔을 집착과 무상에 대한 깨달음의 과정으로 보아, 집착을 버리고 삶의 변화를 수용할 것을 권한다.

> "슬픔이란 누구든지 이겨낼 수 있다. 그렇지만 이 슬픔을 이겨내지 못하는 사람은 늘 슬픔뿐이다."
>
> _윌리엄 셰익스피어

　셰익스피어는 슬픔을 인간이라는 존재가 겪을 수밖에 없는 경험에 따른 필연적 감정으로 해석한다. 그의 작품에서 슬픔은 단순한 감정

표현을 넘어 삶과 죽음, 상실, 배신, 후회 등을 깊이 들여다볼 수 있는 중요한 테마로 등장한다. 종종 비극적 결말로 이어지지만 이를 통해서 인간이라는 존재를 깊이 탐구할 수 있다.

인생은 비극이기도 하고, 희극이기도 하다. 어떤 삶을 살아갈지는 개인의 선택에 달렸다. 슬픔이 언제 어떤 식으로 찾아올지 알 수 없지만, 이를 승화시킬 수 있다면 인생은 좀 더 따뜻한 쪽으로 흘러가리라.

**슬픔을 승화시키기 위한 3가지 행동 지침**

• 슬픔을 무시하거나 억제하지 않고, 그 감정을 인정하고 받아들인다.
• 문학, 미술, 음악, 춤 등과 같은 창의적인 방법을 통해 감정을 밖으로 표출해 낸다.
• 규칙적인 운동이나 취미 활동을 통해 서서히 평상심을 회복한다.

# 나는 분노를 건강한 방식으로 표출한다

나는 분노라는 감정을 잘 다스리고 있는가?
분노 때문에 절제력과 인내력이 부족한 사람으로 평가받거나,
가까운 사람에게 씻을 수 없는 상처를 줘서 후회하고 있지는 않는가?

분노는 특정 상황에서 느끼는 불쾌감과 짜증을 동반한 강렬한 감정이다. 주로 불쾌한 상황에 대한 방어 반응으로, 생존 본능과도 깊은 연관이 있다.

분노를 촉발하는 주요 원인으로는 불공정한 대우, 기대와 현실 사이의 괴리감, 신념이나 가치관 침해, 과거의 트라우마, 신체적·정신적 피로나 질병 혹은 경제적 어려움 등으로 인한 스트레스 등이다. 분노는 두려움·불안·우울·좌절·절망 등의 부정적인 감정을 동반하며, 순간적인 감정을 못 이겨 분노한 경우 자신에 대한 실망감이나 상대방에 대한 죄책감에 사로잡힌다.

시도 때도 없이 분노를 표출하면 대인 관계나 직장 생활에 어려움을 겪게 된다. 또한 스트레스 호르몬인 코르티솔의 과다 분비로 우울증과 같은 정신 질환으로 이어지고, 신체적으로는 고혈압이나 심장 질환 혹은 면역력 저하와 같은 문제를 유발한다.

통제되지 않는 분노는 타인과의 갈등을 깊어지게 하고, 폭력적 행동이나 파괴적 행위로 인해 불행한 결과를 낳는다. 그러나 분노를 건

강한 방식으로 표출한다면 불공정한 상황에 맞서 싸우는 데 필요한 용기를 주고, 동기를 부여할 수 있으며, 골치 아픈 문제를 해결할 에너지로 사용할 수 있어서 새로운 변화를 꾀할 수 있다.

부정 마인드를 지닌 사람들은 분노의 원인을 외부 탓으로 돌리며, 문제 해결보다는 비난에 집중하고, 분노를 억제하거나 폭발적으로 표출하는 경향이 있다. 긍정 마인드를 지닌 사람들은 자신의 분노를 인지하고 그 원인을 분석해서, 건강한 방식으로 분노를 표출해서 불쾌한 상황을 바로잡으려고 노력한다.

심리학에서는 분노를 자연스러운 감정 반응이라고 여기지만, 그 강도와 지속 기간에 따라 개인의 정신적·신체적 건강에 부정적 영향을 미칠 수 있다고 본다. 분노가 적절히 처리되지 않으면 갈등, 스트레스, 불안, 우울증으로 이어질 수 있음을 강조한다.

철학에서는 분노를 인간의 존재와 삶의 조건을 깊이 탐구할 수 있는 중요한 주제로 여기고 접근한다. 세네카는 분노는 스스로 통제할 수 있는 것이지만 비이성적인 감정으로 보았으며, 이성적인 판단에 의해 억제하고 다스리는 것이 중요하다고 믿었다. 아리스토텔레스는 분노를 자연스러운 감정으로 보았으나, 지나치게 적거나 지나치게 많으면 해롭다고 생각해서 중용의 미덕을 강조했다.

"누구나 화를 낼 수는 있다. 그것은 무척 쉬운 일이다. 그러나 적절한 상대에게, 적절한 정도로, 적절한 시간만큼, 적절만 목적을 갖고, 적절한 방식으로 화를 내기란 무척 어려운 일이다."

_아리스토텔레스

하버드대학교 조지 베일런트 교수팀은 44년 넘게 824명을 추적 연구한 끝에 적절하게 화를 내는 직장인이 승진이 빠르며, 실망감이나 좌절감을 억누른 직장인은 승진 장벽에 부딪혀 진급하지 못할 가능성이 3배나 높다는 흥미로운 연구 결과를 발표했다.

물론 분노를 표출하지 않고, 그로 인한 손해도 보지 않고 살 수만 있다면 더할 나위 없다. 그러나 살다 보면 분노해야만 할 상황이 있다. 불의를 보고도 묵과하거나 지나친다면 인격적으로 성숙한 인간이라고 할 수 있겠는가?

화가 머리끝까지 치밀 때면 '내가 정말 분노할 만한 가치가 있는 일인가?'를 자문해본 뒤, 건강한 방식으로 분노를 표출해야 한다.

---

분노를 건강한 방식으로 표출하는 3가지 행동 지침

- 화가 났다는 사실을 인정하고 받아들인다.
- 분노의 원인을 분석한 뒤, '내가 정말 분노할 만한 가치가 있는 일인가?'를 자문해본다.
- 가치 있는 일이라고 판단되면 감정을 가라앉힌 뒤 조용한 장소에서 대화로 표출한다.

# 나는 고난이
# 인생에서 차지하고 있는 몫을 안다

나는 고난에 어떻게 대처하는가?
불운한 운명을 탓하거나 고난에 굴복해
하루하루를 마지못해 살아가고 있지는 않는가?

고난이 우리에게 주는 의미를 한번이라도 생각해본 적 있는가? 고난을 겪은 사람만이 인생을 이해하고, 비로소 어른이 된다.

고난이란 인생을 살아가면서 겪는 어려움, 고통, 시련을 의미한다. 삶의 목표를 향해 나아가는 과정에서 예상치 못한 장애물에 부딪히거나 소중한 것을 잃는 경험 등은 고난의 대표 사례이다. 이러한 고난의 주요 원인은 잘못된 결정, 질병, 사별, 경제적 문제, 대인 관계 갈등, 예상치 못한 변화 등이다.

우리는 고난을 겪는 동안 다양한 감정에 사로잡힌다. 상황을 스스로 자초했다고 느끼는 데서 오는 죄책감, 불확실한 미래로 인한 불안, 세상이 불공평하다고 느낄 때의 분노, 해결책을 찾을 수 없는 데서 오는 좌절, 상황을 바꿀 수 없는 순간 등에서 우리는 무력감과 슬픔을 느낀다.

고난은 실패를 동반해서 자신감을 떨어뜨리고, 상황 악화로 사람들과의 갈등을 야기하며, 각종 스트레스를 불러와 심신을 지치게 한다. 그렇다고 해서 고난이 불필요한 것은 아니다. 장점 또한 적지 않다. 스스로를 돌아보고 한층 더 강해질 수 있으며, 역경을 극복하는 회복 탄력성을 강화할 수 있고, 새로운 기회나 가능성을 발견할 수 있으며, 인생관을 재정립하는 계기가 될 수도 있다.

부정 마인드를 지닌 사람들은 고난에 부딪치면 문제를 해결하려고 노력하는 대신, 운명이나 다른 사람을 탓하며 도망치려는 경향이 있다. 또한 자신을 불운한 사람으로 규정해서, 피해자 의식에 사로잡히기도 한다. 반면 긍정 마인드를 지닌 사람들은 자기 대화를 통해 스스로를 격려하고 용기를 북돋우며, 고난을 배움과 성장의 기회라고 여겨 능동적으로 해결책을 찾는다. 필요하다고 느낄 때는 주저하지 않고 가족, 친구, 전문가 등에게 도움을 요청한다.

심리학에서는 고난이 우울증, 불안, 외상 후 스트레스 장애 등 다양한 정신 질환을 야기할 수 있다고 본다. 또한 개인의 삶의 질을 저하시키고 사회생활에도 어려움을 초래할 수 있다고 본다.

철학에서는 인간 자체가 불완전한 존재이니 고난을 통해서 지혜를 얻고, 삶의 의미를 찾아야 한다고 가르친다. 또한 동양 철학에서는 고난을 집착으로부터 벗어나 자유를 얻기 위한 기회라는 시점으로 접근한다.

"고난과 죽음은 인생의 한 부분이다. 따라서 그것을 거부하는 것은 곧 인생 자체를 거부하는 것이다."

_헤이블록 엘리스

　영국의 심리학자이자 인간의 성과 심리에 관한 작품으로 유명한 헤이블록 엘리스는 고난과 죽음이 인생의 중요한 부분임을 인정하고 있다.

　동서양의 여러 문헌에도 나와 있듯이, 한 가지 분명한 사실은 인생에서 고난이 차지하는 몫이 있다는 것이다. 만약 우리가 고난을 인생에서 제외시켜버린다면 혹은 고난을 피해 달아나기만 한다면, 우리는 빈껍데기뿐인 삶을 살 가능성이 높다. 그렇다면 그것은 차마 인생이라고 부르기조차 민망하지 않겠는가.

고난을 극복하기 위한 3가지 행동 지침

• 충분한 휴식, 건강한 식습관, 규칙적인 운동 등을 통해 자기 돌봄의 시간을 갖는다.
• 긍정적인 측면을 찾아낸 뒤, 새로운 가능성을 모색한다.
• 작은 목표를 하나씩 달성해나가면서, 성취감을 통해 자신감을 회복한다.

# 나는 우울할 때는 햇볕을 쬐며
# 유산소 운동을 한다

나는 우울할 때 어떻게 시간을 보내는가? 우울이라는 묘한 감정에
사로잡혀 꼼짝달싹하지 못하거나, 시간이 가는 줄도 모르는 채
멜랑콜리한 감정을 스스로 파먹고 있지는 않은가?

우울은 슬픔, 무기력, 절망감 등 부정적인 감정이 지속되
어 일상생활에 어려움을 겪는 상태를 의미한다. 우울증은 자살 위험
이 높은 심각한 질환이므로 전문적인 치료가 필요하다.

현대 의학에서는 우울증을 복합적 요인에 의해서 발생하는 정신 질
환으로 분석하고 있으며, 대체적으로 스트레스와 생물학적·환경적·
신체적 요인의 결합된 결과로 보는 시각이 지배적이다.

생물학적 요인으로는 신경전달물질의 불균형이나 호르몬 변화와
같은 생화학적 요인, 가족력과 같은 유전적 요인이 있다.

환경적 요인으로는 스트레스를 가중시키는 요소들로 사별·이별·성
폭력·따돌림과 같은 대인 관계로 인한 문제, 과도한 책임감이나 완벽
주의 등이 있다. 또한 햇볕을 충분히 쬐지 못해 비타민 D 부족으로 인
한 '계절성 정서장애' 역시 우울증 발병의 원인으로 본다.

신체적 요인으로는 치매, 간질, 파킨슨병처럼 뇌에 직접적인 손상
이 와서 생기는 질병의 경우로 우울증 발병률이 높다. 그밖에 당뇨·간
경화·동맥경화·암과 같은 만성질환이나 알레르기성 질환, 자가 면역

성 질환이나 갑상선 기능 저하증, 갱년기·사춘기·출산 같은 호르몬 불균형, 약물이나 알코올 남용 등을 그 요인으로 꼽는다.

우울증은 발병 요인이 다양하고 증상도 다양해서 진단 자체가 어렵다. 슬픔에 가까운 우울한 감정에 사로잡혀 툭하면 눈물이 나고, 수면 장애, 식욕 부진, 죄책감, 자신을 무가치하다고 느끼는 감정이 2주 이상 지속된다면 중증 우울증이다. 중증 우울증은 뇌가 제 기능을 하지 못하는 상태이므로 전문가의 도움 없이 스스로의 힘으로는 벗어날 수 없다.

우울의 기간이 2주 미만이고, 불규칙적으로 우울감이 찾아오지만 일상생활에 지장이 없다면 경증 우울증이다. 전전두엽과 변연계의 연결성이 감소해 감정 배설에 문제가 생긴 상태라고 할 수 있다. 우울증 정도에 따라 다르지만 대개는 목표를 세우고, 몸을 적극적으로 움직이고, 사람들과 소통하다 보면 우울한 감정으로부터 서서히 벗어날 수 있다.

문학에서는 우울을 인간 존재의 근원적 고독감, 삶의 의미에 대한 회의, 현실과 이상의 괴리감 등과 관련된 현상으로 본다. 철학에서는 우울을 인간의 존재 조건인 유한성, 고독, 죽음 등과 관련된 필연적인 감정으로 바라본다.

"시간이 많이 걸릴 수도 있지만 언젠가는 모든 일이 잘될 것이다. 희망을 잃지 말고 힘을 내라."

_찰리 채플린

개인마다 차이가 있지만 경증 우울증의 경우 햇볕을 쬔다거나 정기적으로 운동을 하면 우울증 극복에 상당한 도움이 된다. 운동을 하면 엔도르핀·도파민·세로토닌과 같은 신경전달물질의 분비가 활성화되고, 스스로 판단하고 결정을 내리는 전두엽이 제 기능을 회복한다.

살다 보면 자신의 의지와 무관하게 우울이라는 별에 갇히게 된다. 우울이라는 별에 갇히면 만사가 귀찮아지고, 몸도 마음도 무거워진다. 평소 운동하는 습관을 기르면 평상심 회복에 도움이 된다.

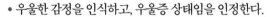 

**우울을 극복하기 위한 3가지 행동 지침**

• 우울한 감정을 인식하고, 우울증 상태임을 인정한다.
• 햇볕을 자주 쬐고, 하루에 30분 이상 산책을 하거나 조깅을 한다.
• 우울감이 2주 이상 지속되면 심리 상담사나 정신과 전문의와 상담한다.

# 나는 절망스러울 때 희망의 빛을 찾는다

나는 절망스러울 때 어떻게 반응하는가?
절망의 늪에 빠져 허우적거리거나 자신을 비난하며
무기력감에 빠져 있지는 않는가?

절망은 미래에 대한 희망이 사라지고 상황을 개선할 수 없다고 느껴, 깊은 무력감과 좌절감에 빠지는 상태이다.

절망의 주요 원인으로는 중요한 목표나 꿈을 이루지 못했을 때, 재산이나 직업을 잃었을 때, 사랑하는 사람과 사별하거나 이별했을 때, 만성질환이나 심각한 질병에 걸렸을 때, 대인 관계로 고통을 겪거나 사회적으로 고립됐을 때, 외모 콤플렉스나 자존감 하락으로 자신에 대한 부정적 자기 인식에 사로잡혔을 때 등이다.

지속적인 절망은 불면증, 소화 문제 등 신체적 건강뿐만 아니라 우울증이나 불안 장애와 같은 정신적인 문제를 야기할 수 있다. 심각한 경우 자살 충동을 느끼기도 한다.

절망은 정신적·신체적 건강을 해치고, 인간관계의 단절 등으로 삶의 의미와 목적을 상실하게 만든다. 그러나 절망을 잘 극복하면 그 경험을 통해 강한 회복력과 삶에 대한 새로운 관점을 얻을 수 있고, 나 자신을 깊이 이해할 수 있으며, 삶에 대한 성찰 또한 깊어진다.

심리학에서는 절망을 정신적·감정적 반응으로 해석한다. 다양한 내적·외적 요인이 절망을 유발한다고 주장하며 원인을 찾기 위해 갖가지 심리 검사와 상담을 진행한다. 과거의 트라우마·부정적 사고 패턴·대인 관계 문제 등을 파악한 뒤, 이러한 요인들이 절망감에 어떻게 영향을 미치는지 분석한다.

철학에서는 절망을 인간이 가진 유한성, 고독, 불완전함 등과 연결된 현상으로 해석한다. 삶의 의미·죽음·고독 등에 대한 고민이 절망으로 이어질 수 있고, 사회적·문화적 요인이 절망감에 영향을 미칠 수 있다고 주장한다.

키르케고르는 절망은 일종의 죄이자 죽음에 이르는 병이라며, 자신의 한계를 인정하고 신에게 귀의함으로써 삶의 궁극적 의미를 찾을 것을 제안했다. 반면 니체는 신의 죽음으로 무의미와 허무에 직면했다고 주장하며, 기존의 도덕과 사회 규범에 얽매이지 말고 자신만의 가치와 의미를 창조하는 새로운 존재인 '초인'으로 거듭날 것을 촉구했다.

"절망은 어리석은 자의 결론이다."

_벤저민 프랭클린

삶은 단면체가 아닌 다면체이다. 어리석은 자는 한쪽 면만 보지만 현명한 자는 삶의 다른 측면도 놓치지 않는다. 절망스러운 상황에서도 희망의 빛을 찾는다면 그 사람은 현명한 사람이라고 할 수 있다.

절망을 극복하기 위한 3가지 행동 지침

자신을 격려하고
긍정적인 자아 대화를 통해
사고 패턴을 바꾼다.


명상이나 요가 등을 통해
현재 순간에 집중함으로써
과거나 미래에 대한 불안에서 벗어난다.


혼자 고립되지 않도록
가족이나 친구 또는 전문가와 소통하며
감정을 공유하고 지지를 얻는다.

# 나는 스트레스를 다스리는 방법을 안다

나는 스트레스에 잘 대처하고 있는가?
스트레스를 해소하려다가 오히려 스트레스를 받거나
건강을 해치고 있지는 않는가?

　　　　스트레스는 외부 자극이나 내적 갈등으로 벌어진 상황에 대처하기 위한 생체 반응으로, 개인이 느끼는 긴장감이나 압박감을 의미한다. 스트레스 유발 원인은 대인 관계, 사회적 기대, 경제적 문제, 질병, 과로, 수면 부족, 실패, 상실, 불안, 불확실성, 자존감 저하, 소음, 열악한 환경, 호르몬 변화 등 매우 다양하다.

　장기적으로 스트레스에 노출되면 만성 피로, 두통, 소화불량, 면역력 저하, 수면장애에 시달리기 쉽다. 또한 우울증, 불안 장애, 집중력 저하, 기억력 감퇴 등이 나타난다. 이로 인해 대인 관계가 악화되고, 업무 효율이 떨어지는 등 삶의 만족도 또한 감소한다.

　과도한 스트레스는 건강을 해치고 삶의 질을 저하시키며, 심각한 경우 우울증이나 불안 장애로 이어질 수 있다. 그러나 적절한 스트레스는 긴장감을 유지하게 함으로써 집중력을 증가시켜 업무 효율을 높인다.

　부정 마인드를 지닌 사람들은 스트레스를 받는 상황이 오면 과도하게 걱정하거나 아예 회피하려고 한다. 상황을 자초한 자신을 비난함으로써 더 큰 스트레스를 불러온다. 반면 긍정 마인드를 지닌 사람들은 피할 수 없는 상황이라면 즐기려고 노력하며, 문제를 해결하는 데 집중한다. 이들은 운동이나 요가, 명상, 취미 생활 등 스트레스를 다스리는 자신만의 노하우가 있다.

신경과학자들의 연구에 따르면, 스트레스 상황에 놓였을 때 뇌의 시상하부가 활성화되어 뇌하수체에 신호를 보내고, 뇌하수체는 부신을 자극하여 스트레스 호르몬인 코르티솔을 분비한다. 불안감과 공포감을 유발하여 근육이 긴장하며, 호흡이 가빠지고, 심장박동수가 증가한다.

만성적 스트레스는 해마의 크기를 줄이고 신경 연결을 약화시켜 기억력 감퇴를 유발할 수 있고, 전두엽의 기능을 저하시켜 판단력을 흐리게 함으로써 충동적인 행동을 하게 만들기도 한다. 또한 감정의 반응을 담당하는 편도체가 과하게 활성화되어, 사소한 일에도 짜증이 나서 버럭 화를 내는 등 감정 조절이 어려워진다.

장기적으로 스트레스를 받는 상황에 놓여 있었다면 신경 회로의 변형과 뇌 기능의 저하가 발생할 수 있다. 적절한 약물 치료, 심리 치료, 현재에 집중하는 마음챙김 훈련, 자율신경계 안정화, 운동 등을 통해 꾸준히 관리하면 뇌의 신경 가소성에 따라 회로를 재구성함과 동시에 뇌 기능을 회복할 수 있다.

"파도를 멈추게 할 수는 없을지라도, 그것을 타는 법은 배울 수 있습니다."

_존 카밧진

미국 매사추세츠대학교 의과대학 명예교수이자 마음챙김 스트레스 감소 프로그램(MBSR)의 창시자인 카밧진은 행복한 삶을 위해서는 스트레스를 현명하게 다스리라고 주문한다.

욕망은 들끓고 경쟁은 치열하고 급변하는 세상을 스트레스 없이 살기란 사실상 불가능에 가깝다. 그렇다면 우리가 선택할 수 있는 길은 까탈스러운 고양이 같은 스트레스를 현명하게 다스리는 것밖에 더 있겠는가.

스트레스를 다스리기 위한 3가지 행동 지침

• 잠들기 전 스마트폰 사용을 자제하고, 안락한 분위기 속에서 숙면을 취한다.
• 취미 활동을 하든 자연 속에서 산책을 하든, 자신만의 편안한 시간을 갖는다.
• 조깅, 요가, 자전거 타기 등 하루 30분 이상 규칙적으로 운동한다.

# 나는 죽음에 연연하지 않는다

나는 죽음에 대해서 어떻게 대처하고 있는가?
나와는 무관한 일이라며 아예 생각조차 하지 않거나,
불시에 찾아올지 모르는 죽음이 두려워 잔뜩 움츠린 채
살아가고 있지는 않은가?

죽음은 생명 활동이 완전히 정지된 상태, 즉 심장박동과 호흡이 멈추고, 뇌 기능이 완전히 소실된 상태를 의미한다.

현대인의 주요 사인은 질병, 사고, 자살, 노화, 범죄나 폭력 등이다. 죽음은 사랑하는 사람과의 이별, 미래에 대한 불확실성, 존재 가치에 대한 의문 등으로 인해 불안, 공포, 절망감과 같은 강렬한 감정을 유발한다.

그렇다고 해서 죽음이 의미 없는 것은 아니다. 죽음은 삶의 유한성을 일깨워주고, 삶을 깊이 성찰할 기회를 주고, 삶의 우선순위를 재정립할 수 있도록 하고, 현재의 소중함을 알려줌으로써 삶을 완성케 한다. 또한 만성적 질병이나 극심한 신체적 고통을 겪고 있는 사람들에게 죽음은 일종의 해방이기도 하다.

죽음에 대해 진지하게 생각해본 적 없는 사람들은 부정적인 마인드를 지니기 쉽다. 죽음을 두려움의 대상으로 간주하게 되면 지나친 공포로 인해 현재의 삶에 충실하지 못해서 삶의 질이 떨어지고, 심각한 경우에는 자살 충동을 느낄 수 있다.

죽음에 대해 성찰해본 사람들은 삶에서의 죽음의 역할을 이해한다. 삶의 유한성을 인정하고, 죽음을 자연스러운 삶의 과정으로 받아들인다. 죽음을 통해 삶의 의미를 발견하고, 현재의 순간을 사랑하며, 언제 이별하게 될지 모르는 주변 사람들과의 관계를 더욱 소중하게 여긴다.

심리학에서는 죽음을 정신적 경험으로 파악하고, 감정적 반응과 인식 그리고 죽음을 받아들이는 과정을 분석하고 연구한다.

미국의 심리학자이자 문화인류학자인 어니스트 베커는 죽음에 대한 불안이 인간의 행동과 심리의 근원적 동기라고 주장하며 '죽음 불안 이론'을 제시했다. 즉, 인간은 죽음에 대한 공포를 극복하고 자신의 존재를 의미 있게 만들기 위해 문화, 사회, 종교 등 다양한 방식으로 자신을 표현하고 사회적 지위를 얻기 위해 노력한다는 것이다.

스위스 출신의 정신과 의사인 엘리자베스 퀴블러 로스는 죽음을 앞둔 말기 환자들과 가족들이 겪는 심리적인 과정을 체계적으로 연구한 뒤 '5단계 애도 모델'을 제시했다. 부정-분노-타협-우울-수용으로 심리 상태가 점차 변해간다는 이론이다. 이 모델은 죽음뿐만 아니라 사별이나 이별 혹은 직업에서의 변화 등의 큰 상실을 경험하는 경우에도 적용될 수 있다.

베커의 죽음 불안 이론은 인간이 죽음을 회피하고 의미 있는 삶을 추구하려는 심리적 메커니즘을 설명하는 반면, 퀴블러 로스의 5단계 애도 모델은 죽음에 직면한 개인의 심리적 변화 과정을 보여준다.

철학자들은 죽음을 피할 수 없는 실존적 사건으로 보며, 이를 어떻게 이해하고 살아갈 것인지에 대한 다양한 시각을 제시한다.

하이데거는 인간은 죽음을 향해 가는 존재이고, 죽음은 실존의 핵심적 부분이라고 주장했다. 죽음에 대한 인식이 '진정한 존재'를 추구하도록 만들어서, 자신의 삶을 더욱 충실하게 살아가도록 한다는 것이다.

사르트르는 죽음은 인간에게 자유로운 선택의 가능성을 부여한다고 주장했다. 삶의 유한성은 삶의 가치를 되새기게 하고, 자신만의 삶을 창조해야 한다는 책임감을 갖게 하고, 현재의 소중함을 깨우쳐준다. 이를 통해 외부의 조건이나 타인의 기대에 얽매이지 않고 자신의 내면에 충실한 삶, 즉 진정한 자유를 실현할 수 있다는 것이다.

> "잘 보낸 하루가 행복한 잠을 가져오듯이, 잘 산 인생은 행복한 죽음을 가져온다."
>
> _레오나르도 다빈치

세상에서 가장 미천한 사람도, 세상에서 가장 존귀한 사람도 죽음 앞에서는 예외가 없다. 어쩌면 스티브 잡스의 말처럼 죽음은 삶이 만든 최고의 발명품일지도 모른다. 죽음은 마치 한낮의 태양처럼 남은 삶을 어떻게 살아야 할지 훤히 비춰주기 때문이다.

후회 없는 인생을 위한 3가지 행동 지침


인생의 가치관을 재정립하고
삶의 우선순위를 정함으로써
삶의 방향을 명확히 한다.


미래에 대한 걱정이나
후회스러운 과거에 사로잡히지 않고,
현재의 순간에 집중함으로써
삶의 질을 높인다.


버킷 리스트를 작성해서,
하고 싶었던 것들을
하나씩 실천함으로써
삶을 풍요롭게 만든다.

예언
당신의 생각이 현실이 되는 마법

초판 1쇄 인쇄 2024년 12월 5일
초판 1쇄 발행 2024년 12월 20일

지은이 | 한창욱
펴낸이 | 박찬근
펴낸곳 | (주)빅마우스출판콘텐츠그룹
주    소 | 경기도 고양시 덕양구 삼원로 73 한일윈스타 1422호
전    화 | 031-811-6789
팩    스 | 0504-251-7259
이메일 | bigmouthbook@naver.com
편    집 | 미토스
표지디자인 | 강희연
본문디자인 | 디자인 [연;우]

ISBN 393-11-92556-33-8 (03320)